DARMAPADA

Hernan Cortez

A CONQUISTA DO MÉXICO

Tradução de Jurandir Soares dos Santos

www.lpm.com.br

Coleção **L&PM** POCKET, vol. 450

Este livro teve sua primeira edição pela L&PM Editores, na Coleção Descobertas L&PM, no formato 14x21cm, em 1986.
Primeira edição na Coleção **L&PM** POCKET: fevereiro de 2007
Esta reimpressão: junho de 2011

Capa: Marco Cena
Tradução: Jurandir Soares dos Santos
Revisão: Renato Deitos

ISBN 978-85-254-1409-3

C828c   Cortez, Hernan, 1485-1547.
            A conquista do México/ Hernan Cortez; tradução de
        Jurandir Soares dos Santos; ilustrações de Théodore de Bry.
        – Porto Alegre: L&PM, 2011.
           232 p. ; 18 cm. – (Coleção L&PM POCKET)

          1.México-História-Conquista. I.Título. II.Série.

                                   CDU 972"1521"

Catalogação elaborada por Izabel A. Merlo, CRB 10/329.

© da tradução, L&PM Editores, 2007

Todos os direitos desta edição reservados a L&PM Editores
Rua Comendador Coruja, 314, loja 9 – Floresta – 90.220-180
Porto Alegre – RS – Brasil / Fone: 51.3225.5777 – Fax: 51.3221.5380

Pedidos & Depto. Comercial: vendas@lpm.com.br
Fale conosco: info@lpm.com.br
www.lpm.com.br

Impresso no Brasil
Inverno de 2011

Sumário

Apresentação / 8
  O destruidor de uma civilização / 8
  As fontes de pesquisa / 10
Primeira carta / 13
Segunda carta / 33
Terceira carta / 91
Quarta carta / 150
Quinta carta / 172
Notas / 219

Detalhe da gravura "O Suplício do Rei Bogotá", desenhada por Jocodus de Winghe e gravada por Théodore de Bry, que faz parte de um conjunto de 19 peças que ilustram a edição francesa da obra "Brevíssima relação da destruição das Índias", do Frei Bartolomé de Las Casas, onde é narrado o massacre da população indígena pelos espanhóis.*

---

* Publicada na Coleção **L&PM** POCKET, *O paraíso destruído*.

APRESENTAÇÃO

O DESTRUIDOR DE UMA CIVILIZAÇÃO

Hernan Cortez nasceu em Medellín (Badajoz) em 1485 e morreu em Castilleja de la Cuesta (Sevilha), a 2 de dezembro de 1547.

Aos quatorze anos foi enviado à Universidade de Salamanca, onde permaneceu apenas dois anos, fracassando em seus estudos e renunciando a ser letrado como pretendiam seus pais, Martín Cortez de Monroy e Catalina Pizarro Altamira. Sua natural inclinação o conduziu à carreira militar. E já teria embarcado na expedição que Nicolás de Ovando, governador da Ilha Espanhola (atual Haiti), alistava em Sevilha, se um incidente – produzido por galanteios – não o retivesse na cama no momento em que a frota partia. Mais tarde, em 1504, contando apenas dezenove anos, embarcou em uma nau de Alonso Quintero, de Palos de Moguer, e chegou às Índias Ocidentais. Esteve presente em 1511 na sangrenta conquista de Cuba por Diego Velásquez, do qual chegou a ser secretário, ganhando a confiança do governador.

Após a expedição a Yucatán por Juan de Grijalba – que desgostou profundamente Velásquez, por causa da pequenez dos seus resultados –, Hernan Cortez foi enviado à região, em meio à preocupação de que se envaidecesse com a conquista. Cortez partiu a 10 de fevereiro de 1519 para

Yucatán, já descoberta, em 1517, por Fernández de Córdoba e visitada depois, em 1518, pelo citado Grijalba.

As cinco cartas de relatos contidas nesta obra dão conta da exploração e conquista do México, que elevou Hernan Cortez ao mais alto cargo entre os capitães e políticos de seu tempo. O leitor encontrará detalhadamente narrado pelo próprio Cortez nas cinco cartas – com exceção da primeira, que se deve ao Regimento da Vila Rica de Vera Cruz – tudo o que aconteceu desde seu desembarque em Yucatán até a queda de Tenochtitlán, a poderosa capital asteca.

Cortez manteve-se em constante rebeldia para com o governador Velásquez, procurando dissimular suas ações extremadas sob o argumento de que estava a serviço do imperador. Sem que conseguisse contestar a realidade dos fatos, explicava que tinha que se defender – e gastar o melhor de seus brios – contra inimigos poderosos como o próprio Diego Velásquez, o bispo Fonseca, do Conselho das Índias, e até mesmo o próprio imperador Carlos I, que se em algumas ocasiões o encobriu em outras não vacilou em mandar buscá-lo e persegui-lo.

Em maio de 1528, o Conselho das Índias obrigou-o a regressar à Espanha. Desembarcou em Palos, de onde seguiu para Rábida e dali para Sevilha. Permaneceu nove dias em devoção em Guadalupe e chegou depois a Toledo com faustoso acompanhamento de senhores e índios mexicanos magnificamente vestidos. Recebeu-o Carlos V em meio à admiração universal e foi nomeado (a 6 de julho de 1529) marquês do Vale de Oaxaca, no momento de máximo favor de Carlos I.

Pouco depois, em 1530, voltou ao México apenas com o poder militar (embora em grau máximo), pois o civil e o judicial eram da Real Audiência de México, autoridade única, com quem teve que lutar, sem dobrar-se nunca. Não pôde entrar no México e teve que retirar-se para Cuernavaca (Coadnavac), onde, amargurado, passou a cuidar da agricultura e da extração de suas minas de ouro e de prata.

Foi grande empenho de sua vida de homem de ação explorar as costas do México, com o intento de descobrir estreitos ou passagens para o mar do Sul. Até 1539 se vê Cortez fazendo tentativas com o auxílio de seus amigos e criados, com o que se conseguiu, entre outras coisas, o descobrimento da costa da Califórnia, por Francisco de Ulloa. Nestas tentativas Cortez consumiu grande parte de sua fortuna. É lastimável que ante as civilizações maia e asteca, com que se defrontou, não tenha sentido a necessária curiosidade inteligente, nem tampouco o amor por um patrimônio da humanidade, como mais tarde veio a sentir Las Casas.

Em 1541, regressou à Espanha e acompanhou o imperador numa malfadada expedição a Argel.

Em 2 de dezembro de 1547, já quase aposentado, Cortez morreu em Castilleja de la Cuesta (Sevilha), aos sessenta e três anos de idade. Seu corpo foi trasladado ao convento de San Francisco, em Tezcuco, e depois a outro da mesma ordem, no México.

AS FONTES DE PESQUISA

As chamadas Cartas de Relatos de Hernan Cortez se encontram em um códice da Biblioteca Imperial de Viena.

A primeira, escrita pela própria mão de Cortez (junho-julho de 1519), jamais foi encontrada, sendo substituída pelo relato enviado ao imperador pela Justiça e Regimento da Vila Rica de Vera Cruz (10 de julho de 1519), que se encontra junto com o códice mencionado.

A segunda carta de relatos foi impressa em Zaragoza em 1524.

González de Barcia, em seu *Historiadores primitivos da las Índias Occidentales,* 1749, e F. A., Lorenzana, em sua *História de Nueva España,* 1770, reproduziram a primeira, a segunda e a terceira das cartas de relatos.

Dom Pascual de Gayangos publicou as cinco cartas, sob o título de *Cartas e relatos de Hernan Cortez ao Imperador Carlos V, coligidas e ilustradas por D. Pascual de Gayangos,* em Paris, em 1868, num volume de 572 páginas.

Em 1868, o próprio Gayangos publicou, na coleção da Hakluyt Society, a quinta carta, com o título de *The Fifth Letter of Hernan Cortez to the Emperor Charles V*, em um volume de quinze capítulos e 156 páginas.

Singularmente, na ortografia de nomes próprios é grande a diferença nas diversas edições. A capital do México, por exemplo, tem sido escrita como Temistlitán, Temixtitán e Temixtlitán, quando é Tenuxtitlán ou Tenochtitlán (por soar na pronúncia mexicana o *o* como o *u).* Guatusco é Guatuxco; Tustepeque é Tuxtepeque; Guatasca é Guaxaca etc. Nesta edição foram corrigidos todos estes nomes, segundo o trabalho de Gayangos.

Primeira carta

Enviada à rainha dona Juana e ao imperador Carlos V, seu filho, pela Justiça e Regimento de Vila Rica de Vera Cruz, a 10 de julho de 1519.

Mui altos e mui poderosos excelentíssimos príncipes, mui católicos e mui grandes reis e senhores: Acreditamos que vossas majestades, por cartas de Diego Velásquez, tenente de almirante na Ilha Fernandina[1], tenham sido informados de uma terra nova, descoberta há pouco mais de dois anos, que a princípio foi chamada pelo nome de Cozumel e logo depois chamada Yucatán, e que não é nenhuma e nem outra coisa, como vossas altezas poderão ver por estes relatos. Isto porque os relatos que vossas altezas têm recebido até agora desta terra, tanto de sua maneira, de suas riquezas e da forma como foi descoberta, bem como de outras coisas que se tem dito dela, não são nem poderiam ser certos. Estes dados que estamos enviando a vossas majestades é que são corretos e trataremos aqui, desde o momento em que estas terras foram descobertas até o estado em que se encontram no presente, para que vossas majestades conheçam a terra como é, a gente que a habita, sua maneira de viver, seus ritos e cerimônias, suas leis, e o fruto que dela vossas altezas reais poderão obter, e também para que vossas altezas reais saibam por quem nela têm sido servidos.

Pode haver dois anos, pouco mais ou pouco menos, mui esclarecidos príncipes, que na cidade de Santiago, que é na Ilha Fernandina e cujo povo é nosso vizinho, se juntaram três pessoas desta dita ilha, um dos quais se diz Francisco Fernández de Córdoba[2], o outro Lope Ochoa de Caicedo e o outro Cristóbal Morante. E como é costume nestas ilhas que em nome de vossas majestades estão povoadas de espanhóis, vai-se a outras ilhas buscar índios para deles se servir. Assim, aqueles três enviaram dois navios e um bergantim a buscar em ditas ilhas índios para servirem na Ilha Fernandina. Acreditamos, porque ainda não sabemos ao certo, que o dito Diego Velásquez, tenente de almirante, tinha a quarta parte daquela armada. Um dos referidos armadores, Francisco Fernández de Córdoba, foi como capitão e levou por piloto a Antón de Alaminos, vizinho da vila de Palos. Este mesmo Alaminos, nós trouxemos agora como nosso piloto. Seguindo sua viagem, foram dar à dita terra intitulada Yucatán, à ponta dela[3], onde está a Vila Rica de Vera Cruz, que é onde estamos em nome de vossas altezas reais e que dista sessenta ou setenta léguas da Ilha Fernandina. Eles saltaram em um povoado que disseram chamar-se Campeche, governado por um senhor a quem deram o nome de Lázaro[4]. Ali ganharam uma tela decorada com ouro, mas não obtiveram autorização para ficar no povoado, pelo que tiveram que seguir costa abaixo até uma distância de dez léguas, onde tornaram a saltar à terra, em um outro povoado chamado Machocobón e cujo senhor era chamado Clumpoto. Ali foram bem recebidos pelos nativos, os quais, no entanto, não lhes permitiram também entrar no povoado. Embora a proibição, os espanhóis dormiram em terra, fora de suas naus. Ao verem isto no outro dia pela manhã, os nativos se atiraram à luta de tal maneira que morreram vinte e seis espanhóis e foram feridos todos os outros. Sentindo a situação difícil, o capitão

Francisco Fernández de Córdoba escapou com os que restavam, indo refugiar-se na nau.

Vendo, pois, o dito capitão como lhe haviam matado mais da quarta parte de sua gente e que todos os que restavam estavam feridos – ele mesmo tinha trinta e tantas feridas, estando quase morto e pensando que não escaparia com vida –, decidiu voltar com os navios à Ilha Fernandina. Ali comunicou o ocorrido a Diego Velásquez, ressaltando que haviam encontrado uma terra muito rica em ouro, porque todos os nativos carregavam peças douradas, tanto no nariz, nas orelhas ou em outra parte do corpo. E que naquela terra havia canto, edifícios de cal, excelente administração e muitas outras riquezas, dizendo-lhe que podia mandar navios e resgatar o ouro, que havia em grande quantidade.

Ao saber disto, Diego Velásquez, movido mais pela cobiça do que pelo zelo, despachou seu procurador à rainha Espanhola[5] com um relato aos padres de São Jerônimo, que ali residiam como governadores destas Índias, para que em nome de vossas altezas dessem licença para que fosse às ricas terras pouco conhecidas. Disse-lhes que se dessem licença prestaria um grande serviço a vossas majestades, obtendo junto aos nativos ouro, pérolas e outras pedras preciosas e de tudo pagaria o quinto a vossas majestades. Os reverendos padres governadores jerônimos concederam a autorização para executar a viagem à terra descoberta em nome de vossas majestades. No entanto, sem que os padres jerônimos soubessem, Velásquez enviara ao mesmo tempo Gonzalo Guzmán à presença de vossas majestades, dizendo que havia descoberto aquelas terras que poderiam prestar grandes serviços e riquezas, suplicando a vossas altezas reais que o nomeassem adiantado e governador das mesmas, fazendo todo um relato que por ser do conhecimento de vossas majestades não o expressamos aqui.

Neste meio tempo, como viesse a licença dos padres da Ordem de São Jerônimo, se apressou em armar três navios e um bergantim e enviá-los antes que viesse a resposta de vossas majestades, que poderia ser negativa. Enviou como capitão a um parente seu chamado Juan de Grijalba e com ele cento e sessenta homens recrutados entre os vizinhos da ilha, entre as quais iam alguns de nós como capitães, para servir a vossas altezas reais. E não só aventuramos nossas pessoas, como também abastecemos a dita armada com mantimentos vindos de nossas casas e das de outras pessoas que seguiam junto, com o que gastamos e gastaram boa parte de nossas fazendas. Como piloto da armada seguiu Antón de Alaminos, que por primeiro havia descoberto aquelas terras quando lá esteve com Francisco Fernández de Córdoba. Antes que chegassem a esta terra, descobriram uma pequena ilha situada a umas trintas léguas ao sul, à qual deram o nome de Santa Cruz[6], tendo desembarcado em um povoado a que chamaram de San Juan de Porta-Latina. No mesmo dia em que chegaram, cerca de cento e cinqüenta índios do povoado se aproximaram para vê-los. Estes índios, segundo indicaram, teriam no dia seguinte abandonado o povoado e se refugiado nas montanhas. Todavia, parece ter ficado claro que o capitão, com a desculpa de ter saído à procura de água, arrasou o povoado antes de alçar as velas e seguir sua viagem até chegar à terra que Francisco Fernández de Córdoba havia descoberto, onde ia para medi-la e fazer seu resgate. Chegados lá, andaram pela costa de sul até o poente, até chegar a uma baía, à qual o capitão Grijalba e o piloto Alaminos puseram o nome de Ascensión, e que, segundo eles, situa-se muito próxima de Ponta Veras, que é a terra que Vicente Yanes descobriu. Perceberam que a baía era muito grande, passando ao mar do Norte. Voltaram dali, dobrando a dita ponta, navegando até o porto Campeche, cujo senhor se chama Lázaro, onde havia chegado Francisco Fernández Córdoba. Aportaram para fazer o resgate que Diego Velásquez havia mandado e porque tinham grande necessidade de água.

Logo que os viram chegar, os índios se colocaram em posição de batalha, próximo do povoado. Usando um intérprete, o capitão os chamou, tendo vindo alguns nativos, aos quais ele disse que vinha apenas para negociar com eles o que tivessem e para tomar água. E assim foi com eles até uma paragem de água, onde lhes disse que se lhes dessem ouro lhes daria os presentes que levava. Os nativos lhe disseram que não tinham ouro e pediram que fosse embora. Ele rogou que lhes deixassem tomar água e que logo se iriam, mas no outro dia, antes da hora da missa, os índios os atacaram com seus arcos e flechas, matando um espanhol e ferindo o capitão Grijalba e a muitos outros. Àquela tarde, embarcaram em suas caravelas sem entrar no povoado e sem ficar sabendo de coisas que deveriam ser relatadas a vossas majestades. Dali seguiram pela costa até encontrar um rio a que puseram o nome de Grijalba. Ao penetrarem em suas águas, se viram ladeados, nas duas margens, por gente de guerra, com seus arcos, flechas, lanças e escudos, totalizando cerca de cinco mil índios. Vendo isto, o capitão não saltou a terra, mas, usando intérprete, procurou dialogar com os índios, pedindo-lhes que viessem mais perto, para que pudesse apresentar as causas da sua vinda. Vinte índios entraram em uma canoa e se aproximaram do navio, tendo o capitão Grijalba lhes dado a entender que não vinha saquear e que queria ser amigo deles. Pediu que lhes trouxessem ouro que ele daria os presentes que trouxera. E assim foi feito. No dia seguinte, eles vieram com suas jóias de ouro e o capitão lhes deu o que levava. Os índios retornaram ao povoado e o capitão ficou ali aquele dia e mais o outro, tendo alçado vela sem conhecer os segredos da terra. Seguiu até uma baía a que puseram o nome de San Juan. Ali o capitão saltou em uns areais despovoados e quando os nativos se acercaram conseguiu demonstrar-lhes que vinha para negociar e ser amigo. Colocou o que trouxera sobre uma mesa e os índios logo começaram a trazer peças de roupa, jóias de ouro e outros produtos para trocar. O capitão Grijalba reuniu em uma caravela tudo o que até então havia conseguido e enviou dali para Diego Velásquez, na Ilha Fernandina. Grijalba seguiu pela costa com as outras duas naus, tendo percorrido umas quarenta e cinco léguas sem descer a terra e sem ver nada de perto. Dali começou a retomar à Ilha Fernandina e não viu nada mais daquela terra que pudesse contar. Por isto, vossas altezas reais podem crer que todos os relatos que fez sobre estas terras não podem ser corretos, visto que não conheceram os seus segredos, escrevendo apenas aquilo a que se viram impelidos por suas vontades.

Ao chegar à Ilha Fernandina o navio que Grijalba havia enviado desde a baía de San Juan, Diego Velásquez ficou frustrado com o pouco que o seu enviado obtivera, tendo dado ainda muita coisa em troca. Na verdade, Velásquez não tinha muita coisa que se queixar, porque os gastos que teve com a armada foram recuperados com as caixas de vinho, que nos vendeu a quatro pesos de ouro, as camisas de presilhas, que nos vendeu a dois pesos de ouro, e os maços de contas verdes a dois pesos. De maneira que recuperou tudo o que gastou com a armada e ainda ganhou dinheiro.

Estando Diego Velásquez desgostoso com o pouco ouro obtido e desejando obter mais, resolveu, sem dizer nada aos padres governadores jerônimos, fazer uma armada veloz para ir ao encontro de Juan de Grijalba. E para torná-la menos custosa, falou com Hernan Cortez, prefeito da cidade vizinha de Santiago por vossas majestades, propondo que ambos armassem oito ou dez navios. Cortez tinha melhor aparato que qualquer outra pessoa na ilha, assim como também a capacidade de reunir maior número de participantes para a expedição do que qualquer outro. Ouvindo Cortez o que Velásquez lhe dizia, e movido pelo zelo de servir a vossas altezas reais, se propôs a gastar tudo quanto tinha para fazer aquela armada. Assim, arcou com quase todo o custo da armada, tanto em navios como em abastecimento, além de repartir seu dinheiro entre as pessoas que seguiriam junto para que adquirissem o necessário à viagem. Pronta e ordenada a armada, Velásquez nomeou, em nome de suas majestades, a Cortez como seu capitão, para que viesse a esta terra negociar e fazer tudo o que Grijalba não havia feito. Tudo o referente à armada foi feito de acordo com a vontade de Velásquez, embora ele não tenha gasto nem uma terça parte do custo da armada, conforme vossas majestades poderão ver pelos dados de Cortez e que estamos enviando agora a vossas altezas através de nossos procuradores. E saibam vossas majestades que o que Velásquez gastou foi na compra de vinho, roupas e outras coisas de pequeno valor para nos vender aqui por muito maior preço.

Montada a frota, Cortez partiu da Ilha Fernandina com dez caravelas e quatrocentos homens de guerra, entre os quais vieram muitos cavalheiros e fidalgos. Também levaram dezesseis cavalos. Seguindo a viagem, a primeira terra que encontraram foi a Ilha Cozumel, que agora se chama Santa Cruz, chegando ao porto de San Juan de Porta-Latina. Saltando em terra, encontraram o povoado sem gente, como se nunca tivesse sido habitado por pessoa alguma. Cortez procurou saber a causa disto, tendo mandado sua gente descer dos navios e se estabelecer no povoado. Soube de três índios que foram tomados em uma canoa no mar que os caciques daquele lugar fugiram com sua gente para as montanhas quando viram os espanhóis chegando, pois tinham grande temor daquela gente, visto não saberem com que intenção vinham naqueles navios. Falando-lhes através do intérprete, Cortez disse que não iria fazer-lhes mal algum, mas queria apenas atraí-los para a nossa santa fé católica e para que fossem vassalos de vossas majestades e lhes servissem e obedecessem como fazem todos os índios destas partes que estão povoadas de espanhóis. Com estas afirmações do capitão, perderam grande parte do temor que tinham e disseram que queriam ir chamar os caciques que estavam refugiados nos montes. Cortez lhes deu uma carta para entregar aos caciques e para que viessem seguros, dando-lhes também um prazo de cinco dias para que voltassem. Tendo passado três ou quatro dias do prazo dado pelo capitão sem que os índios tivessem retornado, determinou o envio de espanhóis até a outra ponta da ilha para que a povoassem e mandou dois capitães, cada um com cem homens, à procura dos caciques para dizer-lhes que os esperava naquele povoado e porto de San Juan de Porta-Latina, para falar-lhes em nome de vossas majestades. Rogou aos capitães para que os atraíssem da melhor forma possível, mas que não lhes fizessem mal algum, nem às suas pessoas, nem às casas, fazendas e plantações. Os capitães voltaram ao cabo de quatro dias com a informação de que todos os povoados que encontraram estavam vazios, tendo, no entanto, conseguido trazer dez ou doze pessoas que encontraram, entre as quais havia um índio principal. O capitão Cortez se dirigiu a este e disse que fosse chamar os caciques, pois ele de nenhuma maneira partiria desta ilha sem falar-lhes. O índio partiu e dois dias depois voltou com o cacique principal, o qual disse que era o senhor da ilha e vinha ver o que o capitão Cortez queria. O capitão disse que não vinham por mal, mas apenas para lhes dar conhecimento de nossa fé e para que soubessem que tínhamos como senhores aos maiores príncipes do mundo e que estes obedeciam a um príncipe ainda maior que eles. Cortez disse que não queria outra coisa do que a obediência também deles a vossas altezas, pois se assim o fizessem seriam muito favorecidos e não haveria quem os molestasse. O cacique disse que ficava muito contente em poder atender a este oferecimento e mandou logo chamar aos demais caciques da ilha, os quais também ficaram muito felizes com o que souberam. Em seguida, todos retornaram para os seus povoados, os quais ficaram novamente cheios de gente, passando aqueles índios a andar entre nós como se há muito tempo nos conhecessem. Neste meio tempo, Cortez ficou sabendo que alguns espanhóis estavam cativos há sete anos em Yucatán em poder de certos caciques, depois de naufragarem nos baixos da Jamaica, vindos de terra firme[7], tendo escapado em uma barca da caravela que afundara. Pareceu a Cortez que faria muito bom serviço a Deus e suas majestades em trabalhar para que saíssem do cativeiro. E logo teria ido ele próprio com sua frota resgatá-los se os pilotos não o impedissem, argumentando que frota e gente poderiam se perder por ser essa uma costa muito brava, não havendo sequer porto onde atracar. Alguns índios, no entanto, lhe disseram que sabiam quem era o cacique que mantinha os espanhóis presos e se prontificaram a ir até lá em uma canoa. Mandou então Cortez uma mensagem escrita aos espanhóis, dizendo que gostaria de ir ele próprio salvá-los, mas como isto era impossível que fizessem tudo para fugir, que ele os esperava na Ilha de Santa Cruz. Três dias depois de ter enviado aqueles índios, não acreditando que fossem cumprir bem a missão, o capitão mandou dois bergantins e um batel com quarenta espanhóis de sua armada à dita costa para que recolhessem os espanhóis cativos. Seguiram junto três índios com a missão de descer até a terra e chamar os espanhóis para os navios. Esperaram seis dias em meio à intensa dificuldade, com a ameaça dos barcos se despedaçarem na costa bravia. E como os índios não retornassem, nem os espanhóis presos aparecessem, resolveram voltar para onde se encontrava o capitão Cortez. Ao tomar conhecimento do fracasso da expedição, Cortez ficou muito triste e decidiu que no outro dia embarcaria ele mesmo com toda a frota, mesmo que isto lhe custasse a destruição de todos os navios. Queria saber se era verdade o que contara Juan de Grijalba a respeito dos espanhóis cativos. Ventos contrários e fortes ondas impediram a partida no dia programado. E no outro dia, quando já estavam quase todos embarcados, faltando apenas o capitão e umas poucas pessoas, se aproximou da ilha uma canoa na qual vinha um dos espanhóis cativos, que se chamava Jerônimo de Aguilar[8]. Ele nos contou a maneira como se perderam e quanto tempo estavam lá, dizendo que os outros espanhóis estavam espalhados pela terra, que é muito grande e que era impossível poder resgatá-los sem permanecer nela por longo tempo. Como o capitão

Cortez percebesse que os mantimentos estavam se acabando e que padeceriam grande fome se fossem arriscar essa viagem, resolveu, com a concordância dos demais, retornar. E logo partiram, deixando aquela Ilha de Cozumel, que agora se chama Santa Cruz, tão pacífica que se estivessem lá para serem povoadores dela contariam com a boa vontade dos índios. Os caciques ficaram muito contentes com o que, de parte de vossas altezas, lhes havia dito o capitão. Temos certeza que todos os espanhóis que de agora em diante chegarem aqui serão tão bem recebidos como se chegassem a outra das terras que há muito tempo estão povoadas. Ela é muito pequena e não possui rios nem arroios. A água que bebem vem de poços. Os índios cultivam colméias que produzem um mel de sabor extraordinário, cuja mostra nossos procuradores estão levando para vossas altezas.

Saibam vossas majestades que o capitão pediu aos caciques que não vivessem mais de maneira gentílica e eles pediram que lhes desse a lei que deveriam seguir. O capitão lhes informou o melhor que sabia sobre a fé católica e lhes deixou uma cruz de madeira e uma imagem da Virgem Maria, dizendo-lhes basicamente o que deveriam fazer para serem bons cristãos. Partindo desta ilha, fomos a Yucatán[9], tendo percorrido a terra pela margem norte até chegar ao rio grande a que deram o nome de Grijalba. A entrada deste rio é tão rasa que nenhum dos grandes navios pôde entrar. Mas como o capitão Cortez estava tão inclinado a serviço de vossas majestades e com disposição de só relatar o que tivesse pleno conhecimento, resolveu não seguir adiante sem antes conhecer os segredos daquele rio e do povo que habitava suas margens, bem como desvendar a fama de riqueza daquela região. Assim, passou todo o pessoal de sua armada para as barcas e bergantins pequenos e seguimos rio acima. Ao chegarmos ao primeiro povoado, encontramos os índios postados à margem do rio, tendo o capitão lhes falado através do intérprete que levava e do próprio Jerônimo de Aguilar, que havia aprendido a língua daquela terra durante o cativeiro. O capitão fez ver que não vínhamos a mal e que queria apenas que nos deixassem saltar a terra e ali dormir por uma noite, pois já era muito tarde para retornarmos aos navios e nos bergantins não cabia mais do que nossos pés. Os índios disseram que não saltássemos, pois defenderiam suas terras. E logo se colocaram em posição de ataque, apontando-nos suas flechas e dizendo que fôssemos embora. Como o sol já estava se pondo, o capitão determinou que seguíssemos até um areal situado em frente àquele povoado, onde saltamos em terra e dormimos aquela noite.

No outro dia pela manhã, vieram até nós alguns índios em uma canoa. Trouxeram milho e algumas galinhas e disseram para que pegássemos aquilo e nos fôssemos de suas terras. O capitão disse que de nenhuma maneira partiria sem saber o segredo daquela terra, para poder fazer um relato verdadeiro a vossas majestades. Eles reiteraram para que não nos atrevêssemos a entrar em seu povoado e foram embora. Logo que saíram, Cortez determinou a um de seus homens que juntasse duzentos outros e seguisse por um caminho que à noite anterior havíamos visto que dava naquele povoado. Enquanto isto, o capitão embarcou com outros oitenta homens nos bergantins e barcas e foi se postar diante do povoado, onde os índios mais uma vez nos receberam em posição de guerra, apontando suas flechas e mandando que nos fôssemos. Depois de haver requerido por três vezes permissão para descer, o capitão rogou o testemunho do escrivão de vossas altezas reais que consigo levava, dizendo que não queria a guerra, mas diante da determinada vontade dos índios mandava soltar os tiros de artilharia. Com a proteção dos disparos de fogo saltamos a terra e prendemos alguns índios, embora tenham ferido alguns dos nossos. E com o ataque pela retaguarda do batalhão que Cortez mandou pelo caminho que levava ao povoado, dominamos a situação. Os índios fugiram e nós tomamos o povoado, tendo nos instalado na parte que parecia mais forte. No outro dia, como acontecera na véspera, vieram dois índios, trazendo algumas jóias de ouro, muito delgadas e de pouco valor, e disseram que fôssemos embora, deixando-os em sua terra como antes estavam, sem fazer-lhes mal. O capitão lhes respondeu que, quanto a não lhes fazer mal algum, isto o deixava muito contente, porém, quanto ao deixar a terra, deveriam saber que dali em diante tinham por senhores aos maiores príncipes do mundo, dos quais se tornavam vassalos e aos quais deveriam servir. E se fizessem isto, vossas majestades lhes prestariam muitos favores, amparando-os e ajudando-os a se defenderem de seus inimigos. Eles ficaram muito contentes com isto, mas insistiram em que deixássemos a terra. E assim nos tornamos todos amigos. Concertada a amizade, o capitão disse que a gente espanhola que estava com ele estava com fome e não tinha o que comer, rogando que durante o tempo que permanecêssemos em terra nos trouxessem comida. Eles responderam que no outro dia trariam e se foram. Passou aquele dia e o outro e não veio comida nenhuma. Estávamos com muita necessidade de mantimentos e ao terceiro dia, vendo que os índios não vinham, o capitão enviou duzentos homens, sob quatro comandos, para saírem pelos lugares ao redor em busca do que comer. Ao saírem, nossos homens toparam com muitos índios que os atacaram com arco e flecha, ferindo a vinte espanhóis. E se não fosse o capitão imediatamente avisado para sair em seu socorro, metade deles teria morrido. Vendo que os índios em vez de nos trazerem comida haviam nos flechado, o capitão mandou buscar dez cavalos nos navios. Enviou para o local onde se dera a batalha um pelotão com trezentos homens e logo atrás mais outro de cem.

O próprio Cortez seguiu depois com os dez cavalos. Os que iam na frente logo toparam com grande quantidade de guerreiros indígenas, que vinham atacar o nosso acampamento. Se por acaso não tivéssemos saído ao seu encalço, teriam nos surpreendido. O capitão que ia na frente disse aos índios que não queríamos guerra com eles, mas apenas paz. Eles responderam não com palavras mas com flechas muito grossas que começaram a atirar. E estando assim lutando com os índios os dianteiros, chegou o segundo batalhão. Havia duas horas de luta quando chegou o capitão Cortez com os cavalos, atacando a uma parte do monte onde os índios começavam a cercar os espanhóis. O capitão lutou com os índios por cerca de uma hora, e eram tantos os nativos que os que estavam lutando a cavalo não se viam uns aos outros. Porém, quando o capitão resolveu organizar seu grupo e arremeter os cavalos contra eles, começaram a fugir em disparada. O capitão ainda os seguiu por cerca de meia légua, mas vendo que a situação estava dominada e sua gente muito cansada, mandou que cessassem o combate e se recolhessem a umas casas que havia por ali. Tínhamos vinte feridos mas nenhum morto, e depois de tratá-los voltamos ao acampamento, trazendo junto dois índios que prendemos, os quais o capitão libertou com uma mensagem aos seus caciques, dizendo que se quisessem vir aonde estava lhes perdoaria os erros que haviam cometido e se tornariam amigos. Neste mesmo dia pela tarde, vieram dois índios que pareciam principais e disseram que sentiam muito o que havia ocorrido e rogavam que lhes perdoassem e não lhes fizessem mais danos e que não lhes matassem mais gente, pois foram duzentos e vinte os seus mortos nos combates. Dali em diante, queriam ser vassalos de vossas majestades, dispondo-se a prestar-lhes todos os serviços. Depois de acertada a paz, o capitão lhes perguntou de onde viera toda aquela gente que participara da batalha. E eles disseram que vieram de oito províncias, que se haviam juntado para combater o invasor, e que no total somariam quarenta mil homens. Acreditem vossas altezas que esta batalha foi vencida muito mais pela vontade de Deus do que por nossas forças, pois, para quarenta mil homens de guerra, quatrocentos, como éramos, se tornava um número insignificante.

Depois de nos tornarmos amigos, em quatro ou cinco dias em que ali ficamos, nos deram cento e quarenta pesos de ouro entre todas as peças, as quais eram tão delgadas que pareciam demonstrar que a sua terra é muito pobre em ouro. Todavia, a terra é muito bondosa em comida, tendo frutas, milho e pescado em abundância. Também há muitas estâncias e áreas cultivadas. Mostramo-lhes o mal que faziam em adorar os ídolos, fazendo-os entender que deviam vir para a nossa fé. Deixamos uma cruz e eles ficaram muito contentes, dizendo que se tornavam nossos amigos e vassalos de vossas majestades. Cortez determinou a partida dali e chegamos ao porto e baía de San Juan. Logo que chegamos os nativos vieram saber que caravelas eram aquelas. Como já era muito tarde quando chegamos, o capitão mandou que ninguém descesse a terra. No outro dia pela manhã, o capitão saltou a terra acompanhado de grande parte do pessoal de sua armada, tendo se encontrado com dois índios principais, aos quais presenteou com algumas roupas, dizendo-lhes através do intérprete que vinha a estas partes a mando de vossas altezas. Depois entregou-lhes duas camisas, dois gibões, dois gorros vermelhos e dois pares de guizos para que entregassem aos outros caciques. No outro dia, antes do meio-dia, veio um dos caciques principais, ao qual o capitão disse que não vínhamos por mal, mas para lhes fazer saber como deveriam se transformar em vassalos de vossas majestades, às quais deveriam servir e dar o que tivessem em sua terra, assim como fazem todos os demais. Ele respondeu que ficavam muito contentes em servir tão altos príncipes, como o capitão acabava de descrever. Depois o capitão fez-lhe vestir uma túnica e um cinto de couro e ele se foi muito contente para seu povoado, dizendo que voltaria no outro dia com o que pudesse trazer. De fato, voltou no outro dia como prometera. Estendeu uma manta branca diante do capitão, colocando sobre ela certas jóias de ouro e outras mais, que estão relacionadas no memorial que nossos procuradores levam a vossas altezas.

Pela mostra que o cacique nos trouxe, percebemos que esta terra deveria ser muito rica em ouro e que ele e todos seus índios deveriam ter muito boa vontade para conosco, o que demonstra que não era conveniente a vossas majestades o que Diego Velásquez mandara o capitão Hernan Cortez fazer, que era sacar todo o ouro que pudesse e levá-lo para a Ilha Fernandina para que o próprio Velásquez pudesse aproveitá-lo. Pareceu-nos que o melhor que se poderia fazer em nome de vossas majestades era fundar ali um povoado, para que tivessem um senhor e a prática da justiça. Porque sendo esta terra povoada de espanhóis, além de aumentar os reinos de vossas majestades e suas rendas, poderia também favorecer a nós e aos demais povoadores que viessem. Diante disto, fizemos um requerimento ao capitão mostrando-lhe o quanto convinha ao serviço de Deus Nosso Senhor e ao de vossas majestades que esta terra estivesse povoada de espanhóis, devendo, ao mesmo tempo, cessar os saques que aqui são praticados. O capitão nos respondeu no dia seguinte, dizendo que sua vontade estava mais inclinada ao serviço de vossas majestades do que a qualquer outra coisa e logo começou a fundar uma vila, à qual deu o nome de Vera Cruz, nomeando os que subscreveram o requerimento como alcaide e regentes em nome de vossas majestades, tendo recebido o juramento costumeiro. No dia seguinte, entramos em nosso cabildo e mandamos pedir ao capitão Hernan Cortez, em nome de vossas altezas, que nos mostrasse os poderes e instruções que havia recebido de Diego Velásquez. Verificamos então que seus poderes já haviam expirado, não podendo dali em diante aplicar sua justiça. Todavia, precisávamos ter uma pessoa governando em nome de vossas majestades e a que reunia melhores condições para isto, pelo zelo no cumprimento do dever, por sua experiência e pelo respeito que tem de todos, era o próprio Hernan Cortez. E em nome de vossas altezas reais, o provimos do poder da justiça e do cargo de alcaide maior, tendo ele feito juramento convencional. E assim o mantivemos em nossa liderança, até que vossas majestades determinem o que melhor lhes convenha.

Depois de tudo resolvido, estando todos reunidos no cabildo, decidimos escrever a vossas majestades, relatando tudo que observamos e ao mesmo tempo enviar todo o ouro, prata e jóias que recebemos nesta terra, além, portanto, da quinta parte que por lei lhes cabe e sem ficar com nada para nós, procurando com isto mostrar o quanto nos apraz estar a serviço de vossas majestades. E como nossos procuradores escolhemos a Alonso Fernández Portocarrero e a Francisco Montejo, os quais enviamos até vossas majestades com tudo que juntamos e relacionamos e para que de nossa parte beijem suas mãos reais e em nosso nome e do conselho desta vila supliquem a vossas altezas que nos façam merecedores de vossas graças e do cumprimento do serviço de Deus. E pelo bem comum desta vila, humildemente suplicamos a vossas majestades, com todo acatamento que devemos, para que dêem suas mãos reais para que em nosso nome as beijem e também para que lhes concedam tudo o que pedirem em nosso nome e no nome deste conselho.

Em um capítulo desta carta fizemos um relato a vossas altezas sobre as coisas desta terra, suas riquezas, sua gente e seus costumes. E esta terra, muito poderosos senhores, onde agora em nome de vossas majestades estamos, tem cinqüenta léguas de costa toda plana, com muitos areais que em algumas partes se estendem por léguas e léguas. Esta terra é muito formosa, havendo nela todo tipo de animais e caças, não se diferenciando muito do que existe na Espanha, tendo também leões e tigres[10] a cerca de cinco léguas do mar. Há também uma cordilheira de serras muito formosa[11], sendo algumas delas tão altas que dali se pode divisar grande parte do mar. E sendo observada desde o plano em dia não muito claro não se pode ver sua parte mais alta porque fica coberta pelas nuvens. E embora a região seja tão quente, os nativos nos afirmam que o branco que divisamos no cume dos montes mais altos é neve. É nosso parecer que há nesta terra tanto ouro como aquele que Salomão diz ter levado para o templo.

As pessoas que habitam esta terra, desde a Ilha Cozumel até a ponta de Yucatán, onde nos encontramos, são de estatura mediana, de corpos e gestos bem proporcionados, diferenciando-se apenas pelos ornamentos que distribuem por seus corpos. Alguns furam as orelhas, colocando nelas grandes e feias coisas, outros furam o nariz, e outros mais esticam o lábio inferior, colocando grandes rodelas de pedra[12] ou de ouro. Suas vestes são de algodão, muito pintadas, enquanto que sua alimentação tem por base o milho, havendo também criação de galinhas. Suas casas são feitas de pedras e tijolo cru e cobertas de palha. Os aposentos de um modo geral são pequenos e baixos, mas há casas das pessoas mais importantes que são grandes, muito frescas e de muitos aposentos, possuindo pátio interno, poços e aposentos para os serviçais e escravos. Algumas possuem na entrada um amplo pátio, onde constroem os altares e adoratórios para seus ídolos, aos quais servem com tanta cerimônia que não há papel que chegue para fazer a descrição. Estes ídolos, feitos de pedra, de madeira ou de barro, são muito bem guardados com plumagens e tecidos finamente desenhados. Não começam nenhuma atividade do dia sem antes queimar incenso nas ditas mesquitas, e algumas vezes sacrificam seus próprios corpos, cortando a língua, a orelha ou fincando punhal pelo corpo. Todo o sangue que corre oferecem àqueles ídolos, espalhando-o por todas as partes daqueles oratórios ou elevam-no para o céu. Todavia, praticam uma outra coisa horrível e abominável, digna de ser punida, jamais vista em qualquer outra parte e que é a seguinte: toda vez que pedem a seus ídolos alguma coisa que muito desejam, tomam meninos e meninas ou até mesmo adultos, colocam diante destes ídolos e abrem seus peitos, arrancando o coração e queimando-o em oferenda. Alguns dos nossos que viram isto disseram que é a coisa mais horripilante de se ver. Estes índios realizam estas oferendas com freqüência, não havendo ano em que não matem pelo menos cinqüenta pessoas nessas circunstâncias. A mesma cerimônia é realizada com animais também, sendo mortos anualmente de três a quatro mil. Vejam vossas altezas reais que se deve evitar tão grande mal e que Deus Nosso Senhor será servido pela mão de vossas majestades se estas pessoas forem instruídas e introduzidas em nossa santa fé católica. É certo que se servissem a Deus com tanta fé e dedicação, muitos milagres obteriam e é certo também que esta gente veria mais facilmente o verdadeiro caminho da fé porque vivem politicamente melhor que qualquer outra gente que por estas partes temos visto.

Com estes nossos procuradores que enviamos a vossas altezas, entre outras coisas que levam, há um pedido para que, em nosso nome, supliquem a vossas majestades para que de nenhuma maneira façam de Diego Velásquez, tenente de almirante da Ilha Fernandina, o adiantado ou o governador desta região, nem tampouco o executor da justiça, porque a vontade de vossas altezas é defendida nestas terras pelo que aqui praticamos. Convém acrescentar que Diego Velásquez não deverá ser provido de cargo algum, pois se assim o fosse, os vassalos desta terra que começamos a povoar seriam maltratados por ele. Cremos que não seria vontade dele enviar ouro, prata e jóias a vossas altezas reais como nós estamos fazendo. Isto ficou muito claro quando quatro criados de Velásquez nos disseram que deveríamos enviar para ele o que agora estamos enviando a vossas altezas. Estes quatro estão presos para que se faça justiça, o que deverá ser depois relatado a vossas altezas. Pela experiência que temos de Diego Velásquez, temos o temor de que nos trataria mal se fosse investido do cargo de governador, como já aconteceu quando era governador da Ilha Fernandina, quando fazia justiça por sua vontade, sem o uso da razão, destruindo muitas pessoas, não querendo lhes dar índios e tomando para si todo o ouro colhido, sem prestar contas a vossas majestades.

Nos foi pedido pelo procurador e moradores desta vila para que neste requerimento suplicássemos a vossas majestades para que nomeiem a Hernan Cortez como governador e executor da justiça nestas terras, até que estejam conquistadas e pacificadas. Assim, humildemente suplicamos a vossas majestades através de ditos procuradores para que nos concedam o pedido e que nos tenham por mui leais vassalos, como temos sido e sempre seremos.

O ouro, a prata, as jóias e as roupas que a vossas altezas reais enviamos com os procuradores, além do quinto que a vossas majestades pertence, vão acompanhados do relato firmado por todos os ditos procuradores, como vossas majestades poderão ver. *Da Vila Rica de Vera Cruz, a 10 de julho de 1519.*

Segunda carta

Enviada à sua sacra majestade o imperador nosso senhor pelo capitão geral da Nova Espanha, chamado dom Hernan Cortez.

Na qual faz um relato das terras e províncias sem conta que descobriu em Yucatán do ano 1519 até esta data, as quais submeteu à coroa real da sua majestade. Faz um relato especial de uma grandíssima província, mata rica, chamada Culúa, na qual há grandes cidades de maravilhosos edifícios, de muitas riquezas e de excelente tratamento. A mais maravilhosa entre estas é Tenochtitlán, edificada com maravilhosa arte sobre uma lagoa. Desta cidade e província é rei um grandíssimo senhor chamado Montezuma. Em seu relato, conta longamente sobre o dito senhor Montezuma, de seus ritos e cerimônias e de como o servem.

Mui alto e poderoso e mui católico príncipe, invictíssimo imperador e senhor nosso: Em uma nau que despachei desta Nova Espanha a 16 de julho de 1519, enviei a vossa alteza longo e particular relato do que aqui sucedeu[13], o qual levaram Alonso Hernández Portocarrero e Francisco de Montejo, procuradores da Vila Rica de Vera Cruz, que em nome de vossa alteza fundei. E depois disto só não mandei informações por falta de navios e por estar ocupado na conquista e pacificação desta terra, porque é meu desejo que vossa alteza saiba tudo o que está ocorrendo nesta terra. E são tantas e tais as ocorrências, como no outro relato escrevi, que pode vossa alteza de novo se intitular imperador dessa terra, com um título tão meritório quando o de imperador da Alemanha, que pela graça de Deus vossa majestade possui[14]. Esforcei-me para dizer a vossa majestade toda a verdade, o menos mal que possa. Todavia, suplico a vossa alteza que mande me perdoar se não contei todo o necessário ou se não acertei alguns nomes de cidades, de vilas e de seus senhores, que ofereceram seus serviços a vossa majestade, dando-se por súditos e vassalos.

No outro relato, mui excelentíssimo príncipe, falei a vossa majestade sobre as cidades e vilas até então conquistadas e que haviam se oferecido a seus reais serviços. E disse que tinha conhecimento de um grande senhor que se chamava Montezuma e que segundo os nativos morava a umas noventa ou cem léguas do porto onde desembarquei. Confiando na grandeza de Deus e com o ânimo do real nome de vossa alteza, me determinei ir aonde quer que estivesse este senhor e me lembro que me dispus a fazer muito mais do que a mim era possível. Porque certifiquei a vossa alteza que o tornaria, preso ou morto, súdito da coroa de vossa majestade. E com este propósito parti da cidade de Cempoal, que eu intitulei Sevilha, a 16 de agosto, com 15 homens a cavalo e trezentos peões preparados o melhor possível para a guerra. E deixei na vila de Vera Cruz cento e cinquenta homens construindo uma fortaleza, que já está quase pronta. Esta província de Cempoal é formada de cinquenta vilas e fortalezas, tendo até cinquenta mil homens de guerra, os quais ficaram muito seguros e pacificados, como leais vassalos de vossa majestade como agora são, porque eles eram súditos daquele senhor Montezuma. E segundo fui informado, o eram pela força e de pouco tempo para cá, e como por mim tiveram notícia de vossa alteza e de seu real e grande poder, disseram que queriam ser vassalos de vossa majestade e meus amigos, e que rogavam que os defendesse daquele grande senhor que os mantinha pela força e tirania e que tomava seus filhos para matar e sacrificar a seus ídolos.

Como já escrevi a vossa majestade no primeiro relato, alguns que passaram para minha companhia eram criados e amigos de Diego Velásquez, e lhes havia pesado o que eu fazia em nome de vossa alteza. Alguns decidiram rebelar-se e ir-se, em especial quatro espanhóis chamados Juan Escudero, Diego Cermeno, Gonzalo de Ungría e Alonso Peñate, os quais, segundo confessaram espontaneamente, tinham se determinado a tomar um bergantim, matar o mestre e ir para a Ilha Fernandina, a fim de comunicar a Diego Velásquez que eu enviava a nau com relato a vossa alteza. Em vista das confissões dos delinqüentes, os castiguei conforme a justiça manda.

Oito ou dez dias depois de ter dado com os navios na costa e tendo saído de Vera Cruz para a cidade de Cempoal, que está a quatro léguas de distância, para dali seguir meu caminho, me comunicaram que andavam quatro navios pela costa da vila e que o capitão que eu havia lá deixado saíra em uma barca ao encontro deles, os quais o informaram que vinham a descobrir em nome de Francisco de Garay, governador da Ilha de Jamaica. O dito capitão lhes fez saber como, em nome de vossa majestade, eu havia povoado esta terra e feito uma vila ali, a uma légua de distância. E disse-lhes que podiam ir até o porto, que ele viria me comunicar de sua chegada. Em vista do que o capitão me fez saber, parti de imediato para dita vila, onde soube que os navios estavam atracados a três léguas da costa e que ninguém havia saltado a terra. Quando me dirigi para onde estavam, vieram ao meu encontro três homens, um dos quais se afirmava escrivão, dizendo que os outros dois eram testemunhas da notificação que vinha me fazer. Disse que o seu capitão me fazia saber que, como ele havia descoberto aquela terra e a queria povoar, que eu partilhasse com ele os termos de posse, porque queria se estabelecer cinco léguas costa abaixo, passada Nautecal, que é uma cidade que está a doze léguas da vila que agora se chama Almería. Respondi a ele que dissesse a seu capitão para ir com seus navios ao porto de Vera Cruz, que ali falaríamos e se tivesse alguma necessidade eu o socorreria com o que pudesse. E que, se ele viesse a serviço de vossa sacra majestade, que eu não desejava outra coisa que não fosse ajudar. Eles me responderam que de nenhuma maneira o seu capitão ou qualquer outra pessoa viria a terra. Acreditando que tinham alguma má intenção, já que se recusavam vir ante mim, me coloquei muito secretamente junto à costa do mar fronteiro onde estavam os navios. E assim esperei até o outro dia ao meio-dia, acreditando que o capitão ou alguma outra pessoa saltaria a terra. Como isto não ocorreu, mandei tirar as roupas daqueles que vieram com o requerimento e colocá-las em outros espanhóis de minha companhia, os quais mandei até a praia para que chamassem aos dos navios. Ao verem-nos, saiu a terra uma barca com dez homens com balistas e escopetas. Os espanhóis que estavam na praia se afastaram até umas matas como se ficassem esperando à sombra. Quando o barco se aproximou saltaram quatro homens, dois balisteiros e dois escopeteiros, os quais foram tomados pela minha gente que os cercava. Um deles era mestre de uma nau e teria matado o capitão que eu tinha em Vera Cruz se Deus Nosso Senhor não tivesse evitado que acendesse a mecha do disparo. Os que estavam na barca fugiram para os navios, que já os esperavam com as velas erguidas.

Os que ficaram comigo me informaram sobre um rio que está trinta léguas costa abaixo depois de passar por Almería, onde haviam recebido bom acolhimento dos nativos e onde viram algum ouro, embora pouco. Disseram que não haviam saltado a terra, mas que puderam ver as casas, que não eram de pedra mas de palha. Enviei àquela região um índio que viera nos navios e que também os tomei, para que falasse ao senhor daquele rio, que se diz Panuco, para atraí-lo ao serviço de vossa majestade. Este senhor enviou-me o cacique de um povoado, o qual me deu roupas, pedras e plumagens e me disse que ele e todos de sua terra estavam muito contentes em se tornar vassalos de vossa majestade e meus amigos. Eu lhe dei algumas coisas da Espanha e ele se foi muito feliz e amigo, tanto que, quando viram outros navios de Francisco de Garay (de quem mais adiante farei relatar a vossa alteza), mandou me informar em nome de Panuco.

Depois disto, mui poderoso senhor, me dirigi por terra a Cempoal, onde fui bem recebido e hospedado. E na quarta jornada entrei em uma província que se chama Sienchimalen, onde há uma vila muito fortificada e de difícil acesso, pois fica em uma serra muito íngreme e só se pode chegar lá a pé. Na planície há muitas aldeias e granjas, cada uma tendo de duzentos a quinhentos lavradores, havendo no total de cinco a seis mil homens de guerra. Tudo isto é de domínio daquele senhor Montezuma. Aqui me receberam muito bem e me deram mantimentos necessários para continuar a viagem, tendo-me dito que sabiam que eu ia ver Montezuma, seu senhor, que era muito amigo, e que lhes havia mandado dizer que me recebessem bem porque assim o estariam servindo. Eu retribuí dizendo que vossa majestade tinha notícia dele e me havia mandado vê-lo e que eu não ia fazer mais nada do que conversar com ele. E assim passamos a um desfiladeiro que está no fim desta província, ao qual pusemos o nome de Desfiladeiro do Nome de Deus, por ser o primeiro que nestas terras havíamos passado. Na baixada deste desfiladeiro, que era muito alto, havia outras granjas de uma vila e fortaleza chamada Ceyconacan, que também era domínio de Montezuma e onde também fomos bem recebidos.

Desde aqui andei três jornadas de terras despovoadas e inabitáveis, por causa de sua esterilidade e falta de água e do grande frio que ali faz. Só Deus sabe quanto trabalho, quanta sede e quanta fome ali padecemos. Pensei que muita gente morreria de frio, mas só morreram alguns índios da Ilha Fernandina que iam mal agasalhados. Ao cabo de três jornadas chegamos a um outro desfiladeiro, não tão íngreme como o primeiro, tendo no alto do morro uma pequena torre, quase como uma capelinha, onde tinham certos ídolos, havendo ao redor mais de mil carretas de lenha cortada e por isso lhe colocamos o nome de Ponto da Lenha. Nas proximidades deste local, entre umas serras muito íngremes, está um vale muito povoado de gente que pareceu ser muito pobre. Depois de ter andado duas léguas pelo povoado, cheguei a uma parte mais plana, onde me pareceu estar o senhor daquele vale, pois ali estavam as maiores e mais bem construídas casas que por estas terras tinha visto, todas de cantaria muito bem trabalhada e muito novas, com muitos aposentos. Este vale e povoado se chama Caltanmi. Fui muito bem recebido pelo senhor e pela gente do povoado, onde recebemos aposentos. Depois de ter falado de parte de vossa majestade e ter dito por que vinha, perguntei ao senhor se era vassalo de Montezuma. Ele, muito admirado, me respondeu indagando quem não era vassalo de Montezuma, dando a entender que este era o senhor do mundo. Tornei a falar do grande valor e poder de vossa majestade, dizendo que muitos outros e muito maiores senhores que Montezuma eram vassalos de vossa alteza e que assim também haveria de ser com Montezuma e com todos os senhores destas terras. E que para que vossa alteza bem recebesse seus serviços, me desse algum ouro que eu enviaria a vossa majestade. Ele me respondeu que só daria com autorização de Montezuma. Para não lhe causar problemas, disse que logo Montezuma lhe mandaria dar todo o ouro que tivesse.

Aqui também me vieram ver outros senhores de povoados vizinhos, que me deram colares de ouro de pouco peso e valor e sete ou oito escravos. Deixando todos muito contentes, parti depois de estar ali por quatro ou cinco dias, indo para um outro povoado que está duas léguas vale acima e que se chama Iztacmastitán. Os domínios deste povoado se estendem por três ou quatro léguas de casa ao lado de casa, planícies de um vale, margeando um rio. Em um monte muito alto está a casa do senhor, com uma fortaleza que se equipara às melhores da Espanha, cercada de muros, barbacã e covas. Nas cercanias há uma população de cinco ou seis mil pessoas, que habita boas casas, parecendo ser gente mais rica que a do vale abaixo. Aqui também fui bem recebido e o senhor me disse que também era vassalo de Montezuma[15]. Permaneci três dias neste lugar, para me recuperar do desgaste sofrido na travessia da região árida e para esperar quatro mensageiros, dos nativos de Cempoal, que desde Caltanmi eu havia enviado a uma província grande que se chama Tascaltecal. Haviam me dito que a gente desta província era sua amiga e grande inimiga de Montezuma e queria se associar comigo. Andei mais um pouco por áreas vizinhas e já se passavam oito dias sem que os mensageiros retornassem, e como os principais de Cempoal que iam comigo me asseguravam a amizade de Tascaltecal, resolvi ir até lá. Todavia, os nativos do vale onde me encontrava me rogaram que se ia ver Montezuma, seu senhor,[16] não deveria passar por terras de seus inimigos, pois estaria sujeito a maus-tratos. Eles se dispuseram a me levar pelas terras de Montezuma, onde seria sempre bem recebido. Justamente ali naquela região deparei com uma enorme cerca de pedra, que era o marco que estabelecia a divisa entre as terras de Montezuma e as de seus inimigos. Os de Cempoal, no entanto, vieram a mim e disseram que olhasse como aquela gente tinha cara de má e vinha sempre nos espiar, insistindo que não deveria confiar nela, pois todos os de Montezuma eram traidores. Como os de Cempoal tinham melhor conceito que os outros, segui seu conselho, e tomei o caminho de Tascaltecal, levando minha gente para o que eu achava que fosse o melhor. Para evitar surpresas, decidi ir meia légua à frente de minha gente com seis a cavalo, para ter possibilidade de consertar algo de mal que surgisse.

Depois de ter andado quatro léguas, dois cavaleiros que iam à frente vieram me avisar que viram índios com suas plumagens de guerra. Eu me aproximei deles e tentei conversar através do intérprete, mas eles começaram a atirar lanças e a gritar por outros que vieram se juntar a eles, chegando a somar quatro ou cinco mil índios. Eles lutaram conosco, matando dois cavalos, ferindo outros três e mais três pessoas. Nós matamos cinqüenta ou sessenta deles e quando chegaram os outros nossos que vinham a cavalo mais atrás eles bateram em retirada. Depois que se foram, vieram certos mensageiros de outros senhores, que não dos que haviam lutado contra nós. Disseram que pagariam os cavalos mortos e que queriam ser nossos amigos e nos receber em seu povoado. Naquela noite, fui forçado a dormir à margem de um arroio, uma légua adiante do local do combate, pois já era tarde e minha gente estava muito cansada da batalha. No outro dia, saí com a dianteira e a retaguarda bem protegidas e logo adiante encontrei dois mensageiros que mandara ao povoado. Vinham chorando, dizendo que os haviam amarrado para matá-los e que conseguiram escapar durante a noite. Enquanto nos faziam o relato, éramos atacados por grande quantidade de pedras, lançadas por também grande quantidade de índios que nos cercavam. Tentamos conversar com eles com o testemunho do escrivão, mas como não paravam de nos atacar, tratamos de nos defender como podíamos. Eram mais de cem mil índios que lutaram conosco até uma hora antes do pôr-do-sol. Com seis escopetas, quarenta balistas e uma meia dezena de outros tiros, além de treze cavalos, consegui fazer muitos danos neles sem sofrer nada além do cansaço da luta e da fome. Até parece que foi Deus que lutou por nós, tamanha era a multidão que nos cercava e sua disposição para a luta.

Aquela noite, estabeleci meu forte junto a uma pequena torre de seus ídolos, no topo de um monte. No dia seguinte, deixei ali duzentos homens e toda a artilharia, saindo com a cavalaria e mais cem peões, quatrocentos índios que trouxera de Cempoal e trezentos de Iztaemestiran. Antes que os nativos pudessem se juntar, queimei seis pequenos povoados e prendi e levei para o acampamento quatrocentas pessoas, entre homens e mulheres, sem que me fizessem qualquer dano. No amanhecer do outro dia, nosso acampamento real estava cercado por cento e cinqüenta mil índios, que cobriam toda a terra em volta. Estavam tão determinados para a luta que chegaram a entrar dentro do acampamento e lutar com punhais contra os espanhóis. Mas quis Deus Nosso Senhor que em questão de quatro horas tivéssemos a situação dominada, tendo os índios se retirado, embora ainda realizando algumas arremetidas.

Antes do amanhecer do dia seguinte, tornei a sair com cavalos, peões e índios e queimei dez povoados, onde havia mais de três mil casas. Como trazíamos a bandeira da cruz e lutávamos por nossa fé e por serviços de vossa sacra majestade, em sua real ventura nos deu Deus tanta vitória, posto que matamos muita gente sem que nenhum dos nossos sofresse dano. Pouco depois do meio-dia, estávamos de volta ao nosso acampamento com a vitória obtida. No outro dia, vieram mensageiros dos senhores, dizendo que eles queriam ser vassalos de vossa alteza e meus amigos e que rogavam lhes perdoasse os erros do passado. Trouxeram-me de comer e algumas coisas de plumagens que eles estimam. Eu respondi que eles haviam errado e feito o mal, mas que eu ficava contente em ser seu amigo e perdoar-lhes o que haviam feito. No outro dia, vieram cerca de cinqüenta índios que traziam comida e começaram a olhar as entradas e saídas de nosso acampamento, bem como as cabanas onde dormíamos. Os de Cempoal vieram até mim e alertaram-me para olhar aqueles homens, que eram maus e vinham espionar. Dissimuladamente prendi um deles sem que os outros vissem. Com os intérpretes e amedrontando-o fiz com que dissesse a verdade. Ele confessou que Sicutengal, que é o capitão geral desta província, estava atrás de uns montes próximos com enorme quantidade de gente para nos atacar naquela noite e que eles haviam vindo para observar as partes de nosso acampamento por onde poderiam nos atacar. Depois tomei mais outros cinco ou seis e todos confessaram a mesma coisa. Em vista disto, mandei prender todos os cinqüenta e cortar-lhes as mãos e os enviei a seu senhor para que dissessem a ele que quando ele viesse saberia quem éramos. Tratei de fortalecer o acampamento real, colocando gente nos pontos que me pareciam convenientes. Ao anoitecer, eles começaram a descer das montanhas e se aproximar, pensando que nós não os víamos. Para evitar que chegassem muito perto, podendo colocar em risco nosso acampamento, decidi sair ao seu encontro com todos os cavalos. Quando eles perceberam que íamos a cavalo, bateram em retirada e nós ficamos seguros. Depois de passado isto, permanecemos alguns dias sem sair do acampamento, indo apenas até os seus arredores para afastar alguns índios que vinham gritar e fazer escaramuças.

E depois de estar algo descansado, saí uma noite, depois de rendida a guarda da *prima,* com os peões, índios e cavalos, e antes que amanhecesse dei com dois povoados onde matei muita gente, mas não prendi fogo às casas para não chamar a atenção de povoados vizinhos. Como os tomei de surpresa, saíam desarmados e as mulheres e crianças desnudas pelas ruas. Quando amanhecia, dei com um outro povoado que tinha mais de vinte mil casas. Como não tinham resistência, vieram a mim certos principais que rogaram para que não lhes fizesse mal, porque queriam ser vassalos de vossa alteza e meus amigos. E que reconheciam que tinham culpa em não ter acreditado em mim, mas que, de agora em diante, fariam tudo que eu determinasse em nome de vossa majestade. Depois me levaram a um lugar muito agradável que tinha uma fonte e me deram de comer. E assim os deixei pacificados e retornei a nosso acampamento. Isto foi motivo de muita alegria, porque não havia entre nós quem não estivesse com muito temor, por estarmos tão dentro daquela terra, entre tanta e tão má gente, e tão sem esperança de socorro de parte alguma. Ainda mais que tínhamos algumas pessoas querendo desistir da tarefa, só não fazendo porque eu lhes disse que, como cristãos, éramos obrigados a lutar contra os inimigos de nossa fé, e além disto havíamos conseguido no outro mundo a maior glória e honra que até nossos tempos nenhuma geração conquistou.

No outro dia, pelas dez horas, veio a mim Sicutengal, o capitão-geral desta província, com até cinqüenta assessores principais, e me rogou de sua parte e da de Magiscatzin, que é a principal pessoa de toda a província, que os admitisse ao real serviço de vossa alteza e que lhes perdoasse os erros do passado, porque não nos conheciam, que até então eles viviam como súditos de Montezuma, e antes disto, de seu pai e de seu avô, presos aos limites de sua terras, sem poder dali sair, e que não comiam sal porque não havia em sua terra[17], nem vestiam roupas de algodão porque o frio impedia que se criasse em suas terras. E que haviam conhecido a nossa força e não queriam mais ver suas casas destruídas e suas mulheres e filhos mortos, passando assim a serem vassalos de vossa alteza. Eu lhes fiz ver a culpa dos danos que sofreram, pois viera a esta terra acreditando que iria encontrar amigos, porque isto me fora certificado pelos meus amigos de Cempoal. E que inclusive mandara mensageiros na frente para dizer que eu vinha em paz, no entanto, o que fizeram foi me assaltar pelo caminho, lutar comigo, e depois de mandar mensageiros dizendo que aquilo fora feito sem sua licença, para novamente voltarem a me atacar. Eles reconheceram tudo e mais uma vez ofereceram suas pessoas e fazendas para os reais serviços e vossa majestade, o que acredito que farão para sempre.

Mesmo assim, permaneci sete dias sem sair do acampamento, embora eles me pedissem para ir até uma cidade grande onde residiam os senhores desta província. Foi então quando estes senhores vieram até nosso acampamento real, pedindo que fosse para a cidade porque ali seria bem recebido e porque tinham vergonha que estivesse tão mal estabelecido, pois me tinham como amigo e tanto eles como eu éramos vassalos de vossa majestade. Diante da insistência, fui para a cidade[18], que está a seis léguas do acampamento real. A cidade é tão grande e de tanta admiração, que o muito que dela poderia dizer pode parecer incrível, porque é muito maior e mais forte que Granada. Tem bons edifícios com muita gente e melhor abastecida de coisas da terra do que Granada. Tem pão, legumes, aves, pescado, caça e outras coisas boas mais que eles comem. Há nesta cidade um mercado em que cotidianamente chegam mais de trinta mil almas vendendo e comprando. Ali há de tudo, vestido, calçado, comidas, jóias de ouro e prata, pedras preciosas tão bem elaboradas que podem ser expostas em qualquer mercado do mundo. Há casas onde lavam as cabeças como barbeiros e as raspam. Há banhos. Finalmente, se tem que dizer que entre eles há ordem e policiamento, sendo gente muito melhor do que a da África. Esta província tem muitos e formosos vales, todos lavrados e semeados, sem haver espaço desaproveitado, se estendendo em torno de noventa léguas. A ordem que esta gente conseguiu consiste em governar quase como Veneza, Gênova ou Pisa, porque não há um senhor geral de todos. Há muitos senhores e todos residem nesta cidade. O povo é todo lavrador e vassalo destes senhores, tendo cada um sua própria terra, uns mais que os outros. Quando há guerra, todos se juntam. Há nesta província quinhentas mil pessoas, sendo vizinha de uma província chamada Guazincango, a qual, como Tascaltecal, se tornou súdita de vossa alteza.

Quando estava, mui católico senhor, naquele acampamento do campo, vieram a mim seis senhores de Montezuma com até duzentos homens, para me dizer que este queria ser vassalo de vossa alteza e que eu determinasse o tributo que a cada ano ele daria em ouro, prata, pedras, escravos e roupas de algodão. Desde que eu não entrasse em sua terras, porque eram muito estéreis e desprovidas de mantimentos, e que lhe causaria grande pesar que eu ali fosse passar necessidade. Estes emissários de Montezuma permaneceram comigo, inclusive durante as batalhas que travamos. Os moradores da província vinham me dizer que não devia confiar neles, porque eram traidores e haviam subjugado todos de sua terra. Por outro lado, os de Montezuma me avisavam que não devia confiar nos da província, porque estes eram traidores. Eu simplesmente fazia de conta que confiava em quem vinha me falar e usava a discórdia para subjugá-los mais.

Depois de ter estado nesta cidade por vinte dias, os mensageiros de Montezuma me convidaram a ir até uma cidade chamada Churultecal, que está a seis léguas de distância. Quando os de Tascaltecal ficaram sabendo de nossa disposição em ir para as terras de Montezuma, procuraram nos fazer ver que isto era uma cilada, que eles estariam nos esperando com cinqüenta mil homens e armadilhas para nossos cavalos. Eu agradeci o aviso e mandei emissários pedir aos senhores de Churultecal que viessem até ali falar comigo, para saber o que eu queria lhes dizer em nome de vossa sacra majestade. Com nossos mensageiros voltaram três pessoas que não pareciam ser de importância. Disse-lhes que só falaria com os senhores da cidade e dei um prazo de três dias para que estes viessem até ali, caso contrário seriam castigados, como todos aqueles que não querem se submeter à vossa alteza real. No outro dia, vieram alguns senhores da cidade, ou todos, e disseram que não tinham vindo antes ali porque aquela era terra de seus inimigos e que ali não tinham segurança. E que sabiam que estes deveriam ter dito algumas coisas deles, mas que não lhes desse crédito porque eram seus inimigos, e que a partir de então se ofereciam como vassalos de vossa majestade, cooperando com tudo que vossa alteza mandasse. Decidi então ir com eles para não mostrar fraqueza e porque pensava fazer meus negócios com Montezuma.

Quando o pessoal de Tascaltecal viu minha determinação em sair, disseram que eu errava, mas, como vassalos de vossa alteza e meus amigos que passaram a ser, queriam ir comigo para me proteger. Roguei que não fossem, porém me seguiram cem mil homens bem armados, até duas léguas da cidade, onde parei para dormir. Pedi que dali voltassem, mas uns cinco ou seis mil deles ficaram comigo. No outro dia pela manhã, os nativos da cidade vieram me receber com trombetas e atabales, além de mulheres vestidas com os trajes de suas cerimônias religiosas. No caminho para a cidade topamos com muitos sinais que os de Tascaltecal haviam alertado, como o caminho principal fechado e a passagem por outro, algumas ruas da cidade fechadas com taipas e muitas pedras em todos os terraços. Isto nos deixou de sobreaviso.

Na cidade, falei com alguns mensageiros de Montezuma, mas não me disseram coisa alguma. Passaram-se três dias e nenhum chefe veio falar comigo, enquanto que as provisões que nos davam começavam a escassear. Uma índia que trazia comigo como intérprete[19] soube por uma outra nativa que eles haviam retirado todas as mulheres e crianças da cidade e que pretendiam matar todos nós. Peguei secretamente um nativo da cidade e este confessou o mesmo que a índia havia dito, e que o pessoal de Tascaltecal havia me alertado. Resolvi agir antes de ser atacado. Chamei alguns senhores da cidade, dizendo que queria falar-lhes, e tranquei-os em uma sala, com o aviso aos nossos para que quando ouvissem um tiro de escopeta caíssem sobre a maior quantidade de índios possível. E assim foi feito. Em duas horas matamos mais de três mil índios e prendemos na sala todos os chefes. Depois saímos pela cidade e deparamos com a enorme quantidade de gente de guerra que iria nos atacar, mas como eles estavam desprevenidos e sem os seus comandantes, os desbaratamos facilmente, ainda mais que tínhamos a ajuda dos cinco mil índios de Tascaltecal que ficaram conosco e mais quatrocentos de Cempoal. Dominada a situação, voltei a falar com os chefes presos. Disseram que não tinham culpa do ocorrido, que foram forçados a isto pelos habitantes de Culúa, que fica légua e meia de distância, e que são vassalos de Montezuma, o qual reunira ali cinqüenta mil homens. Mas que reconheciam como haviam errado e pediam que soltasse um deles, que fariam todas as mulheres e crianças retornarem à cidade. Rogavam que lhes perdoasse o erro e que dali em diante seriam leais vassalos de vossa alteza e meus fiéis amigos. Depois de ter falado muitas coisas, soltei dois deles e no dia seguinte a cidade estava toda povoada, como se nada tivesse acontecido. Logo soltei os outros senhores. Em questão de quinze dias que ali fiquei a cidade permaneceu pacífica, sem que nada faltasse em seus mercados. E eu fiz com que os moradores desta cidade de Churultecal[20] e os de Tascaltecal voltassem a ser amigos como eram antes, pois fazia pouco tempo que Montezuma havia atraído os últimos com suas dádivas e os tornado inimigos. Esta cidade de Churultecal está assentada sobre um plano, tem muitas torres tipo mesquita e é o lugar mais a propósito para viverem os espanhóis, porque tem áreas e água para criar o gado e imensas terras lavradas e as pessoas são melhor vestidas que as demais, embora ainda existam pobres pedindo pelas ruas, como na Espanha.

Reuni os mensageiros de Montezuma que iam comigo e lhes falei da traição urdida por seu líder, dizendo que não era digno de tão grande senhor como ele enviar-me representantes tão honrados a dizer que é meu amigo e depois me atraiçoar. E que diante disto eu queria mudar meu propósito e não iria mais conversar com ele mas guerrear como inimigo, fazendo-lhe todo dano que pudesse. Eles me rogaram que antes de atacar lhes desse oportunidade de ir conversar com Montezuma para saber a verdade. Deixei ir um deles até a cidade onde está Montezuma e que dista vinte léguas. Voltou depois de seis dias com um outro, trazendo dez pratos de ouro, mil e quinhentas peças de roupa e muita provisão de galinhas e panicap, que é uma espécie de alimento com farelo que eles bebem. Disseram-me que Montezuma havia sentido muito o que havia ocorrido e que eu não deveria acreditar que tivesse sido por seu conselho. Que a gente que estava em guarnição de fato era sua, mas havia se movido sem ele saber, por indução dos de Churultecal, vizinha de Acancingo e Izcucán, cidade de onde vieram os que formaram a guarnição e que tinham o costume de se ajudarem mutuamente. E que adiante eu veria se era verdade ou não o que me dizia e pedia que não fosse à sua terra, porque era estéril e padeceríamos necessidades, podendo eu, onde quer que estivesse, pedir o que precisasse que ele mandaria. Eu respondi que não poderia deixar de ir à sua terra, porque precisava enviar um relato dela a vossa majestade. E, portanto, mesmo se quisesse ou não quisesse iria vê-lo e que me pesaria qualquer restrição por parte dele. Vendo minha determinação, pediu que eu viesse em boa hora que ele me esperaria naquela grande cidade onde estava, tendo mandado muitos dos seus para me acompanhar.

A oito léguas desta cidade de Churultecal estão duas serras muito altas e maravilhosas, que em fins de agosto estão totalmente cobertas de neve. Do alto de uma delas sai uma grande quantidade de vapor, que tem tanta força que nem o forte vento que lá sopra consegue desviar[21]. Como eu queria fazer um relato fiel a vossa majestade, mandei alguns espanhóis subir à serra para observar o segredo daquele fenômeno. Mas os torvelinhos eram tão fortes que eles não conseguiram ir muito acima, tendo trazido mostras de neve e de gelo.

Quando foi para seguirmos para a cidade de Montezuma, os emissários deste queriam nos levar por um caminho muito íngreme, de muitas pontes e passagens difíceis. Isto nos pareceu muito ruim e temeroso de alguma emboscada. Mas quando os nossos espanhóis foram observar as montanhas cobertas de neve descobriram um outro caminho, muito bom, que de acordo com os nativos levava a Culúa. Os espanhóis foram por ele até encontrar as serras, por meio das quais segue o caminho, tendo ido até as planícies de Culúa, a grande cidade de Tenochtitlán[22] e as lagoas que existem nesta província e que adiante relatarei a vossa majestade. Os mensageiros de Montezuma disseram que não queriam nos guiar por aquele caminho porque passava pelas terras de Guasucingo, que era inimigo deles, o que faria com que sofrêssemos privações de mantimentos. Eu insisti que queria ir por ali e assim partimos, com grande temor de que quisessem praticar alguma burla.

Andamos aquele dia quatro léguas e pernoitamos em uma aldeia de Guasucingo, onde fomos muito bem recebidos pelos nativos, que me deram algumas escravas, roupas e certas peças de ouro, o que era muito pesado para eles pois era um povoado muito pobre. No outro dia, subi ao desfiladeiro por entre as serras e na descida, já nas terras de Montezuma, descobrimos uma província que se chama Chalco. Duas léguas antes de chegar ao povoado encontramos um paradouro tão bom que pôde abrigar toda minha companhia e mais os quatro mil índios de Tascaltecal, Guasucingo, Churultecal e Cempoal que levava comigo. Ali me vieram falar certas pessoas de Montezuma que pareciam principais, um dos quais se dizia seu irmão. Trouxeram-me até três mil pesos em ouro e o pedido de Montezuma, mais uma vez, para que não entrasse em sua cidade, porque era muito pobre em comida e que estava toda em água, não podendo chegar lá a não ser em canoa, além de outros inconvenientes. Eu os recebi muito bem, dei-lhes algumas coisas da nossa Espanha, especialmente ao que dizia ser irmão de Montezuma, mas insisti que havia vindo a esta terra a mando de vossa majestade e que a principal coisa que me mandara fazer era um relato de Montezuma e de sua cidade, da qual vossa alteza havia tido notícia. E que rogava que a minha ida fosse por bem.

No outro dia, parti para o povoado que estava a duas léguas de distância e vieram novos emissários de Montezuma, dizendo que haviam sido mandados para prover nossas necessidades. O senhor desta província nos deu quarenta escravas e toda comida necessária durante os dois dias em que ali estivemos. Dali seguimos para um povoado pequeno, a quatro léguas de distância, que está quase dentro de uma lagoa, enquanto que a outra parte situa-se junto à encosta de uma serra muito íngreme. Ali nos apresentaram muito bem, mas à noite quiseram testar nossa força, mandando espiões por água e por terra. Ao amanhecer, tínhamos tomado ou matado quinze ou vinte deles. Em seguida, vieram doze senhores principais de Montezuma, um dos quais muito grande, um jovem mancebo de 25 anos para o qual os outros limpavam o caminho ao passar. Disse-me este jovem que seu senhor, Montezuma, pedia que o perdoassem por não vir receber-me, por estar indisposto. Mas que sua cidade estava perto e que, em vista de minha determinação de ir até lá, que nela me receberia e mostraria sua vontade de servir vossa majestade. Mas que ainda me rogava que não fosse até lá, pois padeceria muito trabalho e necessidade e ele tinha vergonha em não poder me prover do que necessitava. E insistiram tanto com isto, que só faltava dizer que defenderiam o caminho para que eu não fosse até lá. E se despediram depois que lhes dei algumas coisas que trazia.

Parti atrás deles e a uma légua costeando a lagoa vi dentro dela uma pequena cidade de mil ou duas mil casas, toda armada sobre a água, sem nenhuma entrada. Uma légua adiante entramos por uma calçada tão larga como uma lança de ginete e por ela fomos lagoa adentro, até darmos em uma cidade, a mais formosa que até então havíamos visto, com casas muito bem construídas, para dois mil habitantes aproximadamente. Deram-nos de comer e pediram que dormíssemos ali, porém fomos adiante três léguas, até outra cidade, chamada Iztapalapa, que é de um irmão de Montezuma, o qual veio receber-me. Esta cidade tem doze ou quinze mil vizinhos, estando a metade dentro de uma lagoa e a metade em terra firme. O senhor dela possui casas muito bem trabalhadas, tanto em cantaria como em carpintaria e jardinagem, tão ricas como as da Espanha. Muitos quartos possuem altos e baixos jardins muito frescos, de muitas árvores. Junto à casa há uma grande horta e no meio desta uma fonte de água doce, com paredes trabalhadas em cantaria e solo de ladrilho.

Parti desta cidade no outro dia e a meia légua entrei por uma calçada que vai por meio desta lagoa, até alcançar a grande cidade de Tenochtitlán[23], que está fundada no meio da dita lagoa. Esta calçada é tão larga como duas lanças e tão bem trabalhada que podem ir por ela até oito cavalos lado a lado. Ao longo destas duas léguas da dita calçada estão três cidades. Uma chamada Mesicalsingo, de três mil pessoas, fundada quase toda dentro da lagoa; outra, chamada Niciaca, de três mil habitantes, e mais Huchilohuchico, de cinco mil, ambas situadas na margem da lagoa, mas com muitas casas dentro d'água. Todas com muito boas casas e torres, em especial as dos senhores principais, assim como as mesquitas e oratórios onde têm seus ídolos. E assim segui a dita calçada, e meia légua antes de chegar ao corpo da cidade de Tenochtitlán, num ponto em que esta calçada se encontra com uma outra que também vem de terra firme, há um forte baluarte com duas torres, cercadas por um enorme muro que não tem mais que duas portas, uma por onde entram e outra por onde saem. Aqui saíram para me ver até mil homens principais, todos ricamente vestidos. Ao chegarem diante de mim, cada um fazia uma cerimônia que é comum aqui e que consiste em se abaixar, colocar a mão sobre a terra e beijá-la. Com isto, tive que esperar quase uma hora até que todos fizessem a cerimônia. Já junto à cidade há uma ponte de madeira de dez passos de largura, passada a qual veio nos receber o senhor Montezuma[24] com até duzentos senhores, todos descalços e vestidos de uma maneira diferente dos que nos receberam antes, mas também ricamente. Vinham em duas procissões através de uma rua muito larga e muito bonita, com as paredes das casas todas ornamentadas. Montezuma vinha pelo meio da rua, ladeado por dois senhores, um que viera me falar nas montanhas e o outro era seu irmão, que também já se encontrara comigo. Aproximei-me para abraçar Montezuma mas os dois me impediram, mesmo assim todos os três fizeram a cerimônia de beijar o solo. Ele pediu ao senhor que o acompanhava que me tomasse pelo braço, para que seguíssemos caminhando. Antes disto, coloquei em seu pescoço um colar de diamantes. Enquanto seguíamos caminhando, um dos seus servidores trouxe-lhe um colar com oito camarões de ouro, feitos com muita perfeição, que ele colocou em meu pescoço. Seguimos caminhando até chegar a uma casa muito grande e formosa. Ali me tomou pela mão e me levou até uma grande sala fronteira a um pátio, onde me fez sentar em um estrado muito rico que para ele havia mandado fazer, pedindo que esperasse um pouco. Voltou em seguida com diversas jóias de ouro e prata, muitas plumagens e de cinco a seis mil peças de roupas de algodão, todas muito finas e bem trabalhadas. Depois sentou em um outro estrado, que logo fizeram junto ao que eu estava, e sentenciou o seguinte:

"Muitos dias há que, pelas escrituras que temos de nossos antepassados, tomamos conhecimento que nem eu nem todos que nesta terra habitamos somos naturais dela, senão que somos estrangeiros, vindos a ela de partes muito estranhas. E soubemos que nossa geração foi trazida a esta parte por um senhor, de quem todos eram vassalos, o qual voltou à sua terra e depois tornou a vir, desde muito tempo, tanto que os que haviam deixado já estavam casados com as mulheres nativas da terra, havendo muitas gerações e muitos povoados. E sempre soubemos que os que dele descendessem haveriam de vir a subjugar a esta terra e a nós, como seus vassalos. E de acordo com a parte que vós dizeis que vens, que é a de onde nasce o sol, e segundo as coisas que dizeis deste grande senhor e rei que aqui vos enviou, cremos e temos por certo ser ele o nosso senhor natural. Especialmente porque nos diz que há muito têm notícias de nós. Portanto, estejais certo que obedeceremos, podendo o mesmo mandar à vontade em toda a terra que é de meu domínio. Desta maneira, estais em vossa natureza e em vossa casa, podendo descansar do trabalho, da caminhada e das guerras que haveis enfrentado. E certo que os que lhes têm prestado serviços de Putunchan até aqui, especialmente os de Cempoal e de Tascaltecal, têm falado muitas coisas ruins de mim, porém não deveis acreditar além daquilo que vossos olhos vêem. Muitos dos que agora são meus inimigos eram meus vassalos e se rebelaram aproveitando a vossa chegada. Espalharam eles que minhas casas tinham paredes de ouro, que meus estrados e outras coisas de meus serviços eram de ouro e que eu me fazia de Deus. As casas, podeis ver, são de pedra, cal e terra." E tirando suas roupas me mostrou o corpo dizendo: "Vede que sou de carne e osso como vós e como qualquer um, que sou mortal e palpável. Vede como vos mentiram. É verdade que tenho algumas coisas de ouro que herdei de meus avós. E tudo que tenho podeis dispor toda vez que quiserdes. Eu irei para outras casas onde vivo, mas aqui sereis provido de todas as coisas necessárias para vossa gente e não vos molestais com nada, pois estais em vossa casa e natureza". Eu lhe respondi tudo que perguntou, satisfazendo aquilo que convinha, em especial fazendo-lhe crer que vossa majestade era quem eles esperavam. E com isto se despediu, não sem antes nos prover de muitas galinhas, pão, frutas e outras coisas necessárias ao serviço dos aposentos. Assim, permaneci seis dias muito bem provido de tudo o necessário e sendo visitado por aqueles senhores.

Passados, invictíssimo príncipe, os seis dias em que permanecia nesta grande cidade de Tenochtitlán e depois de ter visto muitas coisas, senti que convinha ao real serviço de vossa majestade e à nossa segurança que aquele senhor Montezuma ficasse em meu poder e não em sua total liberdade. E assim determinei prendê-lo e colocá-lo no aposento onde eu estava, que era muito forte e seguro. Fui então até a casa de Montezuma, como já fizera outras vezes, e depois de ter conversado amenidades e coisas de prazer com ele, e de ter ele me dado uma filha sua e outras filhas de senhores a alguns de minha companhia, falei-lhe a respeito do que eu ficara sabendo que ocorrera na cidade de Almería, onde, por ordem dele, haviam matado alguns espanhóis que ali estavam. O próprio senhor daquela cidade, Qualpopoca, confessou que como seu vassalo apenas cumpria suas ordens. E disse-lhe que eu não acreditava que isso fosse verdade, mas que o fato iria desagradar profundamente a vossa majestade e, por isto, pedia que mandasse buscar aquele senhor Qualpopoca para esclarecer os fatos. Imediatamente ele mandou alguns dos seus até a cidade de Almería, que dista sessenta ou setenta léguas, para que trouxessem o tal Qualpopoca. Então eu disse que ele deveria ficar em minha pousada até que se esclarecesse a verdade, salientando que ele não ficaria como preso, mas com toda liberdade, podendo usar todos os seus serviçais. Ele disse que teria prazer em ir comigo e mandou adornar um aposento, para que ficasse como em sua casa. E assim o mantivemos sob nosso controle sem causar qualquer problema nem reação da população.

Passados vinte dias do aprisionamento, chegaram aqueles que haviam ido buscar Qualpopoca, trazendo o cacique, os que haviam matado os espanhóis e mais quinze principais. Qualpopoca chegou em um andor, como eram carregados os senhores, o que de fato ele era. Entregaram todos eles a mim e eu os interroguei. Perguntei ao cacique se era vassalo de Montezuma e ele indagou se era possível ser vassalo de outro senhor. Perguntei se o que ali havia se passado fora mandado por Montezuma e eles confirmaram que sim. Mandei então queimar todos vivos, o que foi feito em uma praça, sem alvoroço nenhum. Depois mandei colocar algemas em Montezuma, o que ele recebeu sem espanto. Todavia, depois de ter conversado muito com ele, tirei-lhe as algemas, o que o deixou muito contente. Dali em diante procurei sempre agradá-lo e atendê-lo no que me pedia. E tanto ele como os demais senhores se alegravam muito em se manter como súditos de vossa majestade. Foi tanto o comportamento e o tratamento que dispensei, que muitas vezes permiti que fosse até sua casa, embora sempre recusasse dizendo que estava muito bem ali, onde não lhe faltava nada. Contudo, saía com freqüência para algumas casas de prazer que ele mantinha fora da cidade, onde ia acompanhado de alguns espanhóis e de onde voltava sempre muito alegre. Sempre que saía fazia muitas doações de jóias e roupas tanto a espanhóis como a nativos que o acompanhavam. E na volta fazia com eles grandes banquetes, para cada um contar suas façanhas.

Depois que me certifiquei que este senhor tinha grande desejo de servir a vossa majestade, pedi-lhe, para que pudesse fazer um relato mais preciso a vossa alteza, que me mostrasse as minas de onde tirava o ouro. E logo fez vir alguns servidores seus que de dois a dois enviou para quatro províncias, cada dupla sendo acompanhada por outra dupla de espanhóis. Uns foram para a província de

Cuzula, que dista oito léguas de Tenochtitlán, onde os vassalos de Montezuma daquela região mostraram três rios, de onde tiraram e me mandaram ouro de boa qualidade, mas extraído com pouca aparelhagem. No caminho passaram por três províncias de terra muito formosa, segundo contaram os espanhóis, de muitas vilas e cidades, de grandes populações e de edifícios tão bons que os existentes na Espanha não poderiam ser melhores. Em especial, me disseram que haviam visto uma casa de aposentos e fortaleza que é maior, mais forte e melhor edificada que o castelo de Burgos. Outros foram a uma outra província chamada Malinaltebeque, que dista setenta léguas de Tenochtitlán em direção ao mar. Trouxeram-me muito ouro de um grande rio que passa por ali. Outros foram rio acima a uma província chamada Tênis, cujo senhor se chama Coatelicamat, e onde falam uma língua diferente da de Culúa. Por ser uma região de serras muito altas e ásperas, a população não está sujeita a Montezuma. Em vista disto, antes de entrar nas terras mandamos emissários pedir licença. Coatelicamat respondeu que só deixaria entrar os espanhóis e não a gente de Montezuma que era sua inimiga. Os espanhóis hesitaram, principalmente porque os de Culúa disseram que isto era um truque para matar os nossos. Mesmo assim os espanhóis resolveram ir e foram muito bem recebidos, tendo os nativos lhes mostrado oito rios de onde tiravam ouro. Coatelicamat enviou junto com os espanhóis emissários seus para dizer que se colocava inteiramente a serviço de vossa majestade. A outra dupla de espanhóis e enviados de Montezuma foi para a província de Tuchitebeque, onde também viram rios e sacaram ouro. Esta província dista doze léguas de Malinaltebeque.

Como os espanhóis que foram a Malinaltebeque me informaram que ali era o local mais adequado para fazer estâncias e extrair o ouro, roguei a Montezuma que fizesse na mesma uma estância para vossa majestade. E ele colocou tanta dedicação a este empreendimento que, em apenas dois meses, estavam semeadas setenta fanegas de milho, dez de feijão e dois mil pés de cacap[25], que é uma fruta como a amêndoa, que eles vendem moída e que possuem tanta que é usada como moeda da terra, com ela se comprando todas as coisas necessárias no mercado e em outras partes. Mandou fazer também quatro casas muito boas, sendo que numa colocou um reservatório de água e um pequeno lago, onde pusera quinhentos patos, que aqui possuem muito, pois os pelam todos os anos para aproveitar as plumas que usam como roupas. Puseram ainda mil e quinhentas galinhas.

Depois pedi a Montezuma detalhes sobre a costa daquela região, se havia algum rio ou ponto de atração. Ele disse que não sabia, mas que me daria todas as informações. No outro dia, me trouxeram um mapa pintado em um pano, com todos os contornos da costa e a indicação de um rio, o qual parecia estar entre as serras, que chamam Sanmin, na província de Mazalmaco. Logo mandei dez homens procurarem aquele rio, que só foi encontrado depois de percorridas setenta e tantas léguas desde o porto de Chalchilmeca, ou San Juan, onde desembarquei. Entraram em canoas pelo dito rio e chegaram à província de Cuacalco, cujo senhor chamado Tuchintecla os recebeu muito bem e lhes deu outras canoas para subirem rio acima, até doze léguas, tendo visto na ribeira grandes populações. O povo desta região não é vassalo de Montezuma, mesmo assim seu senhor me enviou junto com os espanhóis mensageiros seus com presentes em jóias de ouro, couros de tigre e plumagens. Disseram-me que há muito que seu senhor tivera notícias de mim, através dos Putunchan, que é o rio de Grijalva, que são seus amigos. E que ele se oferecia a serviço de vossa majestade, com toda sua gente, rogando que eu me tornasse seu amigo, com a condição de que os de Culúa não entrassem em suas terras.

Em capítulos passados, mui poderoso senhor, já falei da província de Tascaltecal, que faz divisa com Tenochtitlán, e cujo senhor é Cacamazin. Depois da prisão de Montezuma, este Cacamazin se rebelou contra o serviço de vossa majestade. Por muitas vezes então requeri que viesse a obedecer os reais serviços de vossa alteza e até o próprio Montezuma lhe mandou fazer tal pedido. Respondia que se algo queria, que fosse até sua terra. Segundo me informei, tinha enorme quantidade de gente de guerra, todos bem a ponto. Como nem por advertência, nem por requerimento consegui atraí-lo, falei com Montezuma e lhe pedi seu parecer sobre o que deveríamos fazer para que aquela rebeldia não ficasse sem castigo. Ele me respondeu que tentar prendê-lo pela guerra era muito arriscado, pois ele tinha enormes contingentes e não seria preso sem que perdêssemos muita gente. Mas que ele, Montezuma, tinha em suas terras muitos senhores principais de Cacamazin, que ali viviam e recebiam salários e que ele falaria com eles para que o atraíssem, facilitando a sua prisão. E assim Montezuma fez acertos de maneira que aquelas pessoas atraíram Cacamazin a um encontro na cidade de Tenochtitlán para, como pessoas principais, discutirem as questões de interesse de seu estado. E assim se juntaram em uma casa do próprio Cacamazin, situada à costa da lagoa e construída de tal maneira que as canoas navegam por debaixo dela, saindo dali para a lagoa. E quando estavam ali reunidos, aqueles senhores principais o tomaram e, sem que sua gente percebesse, o colocaram numa canoa e levaram para a grande cidade. Ali chegados, o puseram em um andor, como sua posição requeria, e o trouxeram para mim. Eu mandei algemá-lo e colocá-lo sob controle. E tomando o parecer de Montezuma, coloquei, em nome de vossa alteza, no lugar daquele senhor a um seu próprio filho, de nome Cucuzcacin. Determinei a todas as comunidades[26] e senhores da dita província que o tivessem como senhor, até que vossa alteza fosse servida por outra decisão.

Passados alguns dias, Montezuma fez uma conclamação aos senhores de terras e cidades da região, tendo, em minha presença, dito o seguinte: "Irmãos e amigos meus; já sabeis que de muito para cá vós e vossos pais e avós têm sido súditos e vassalos de meus antecessores e meus. E sempre por eles e por mim têm sido muito bem tratados e honrados. De sua parte, vós também têm feito o que bons e leais vassalos são obrigados a fazer a seus senhores naturais. E também creio que, como nós, tendes memória por vossos antecessores que não somos naturais desta terra. Que nossos antecessores aqui foram trazidos e deixados por um senhor, o qual, quando voltou mais tarde, viu que nossos avós já tinham povoado esta terra, casando com as mulheres daqui. E como tinham muita multiplicação de filhos, não quiseram voltar com ele. Mas ele veio e disse que um dia voltaria ou mandaria alguém com tal poder para nos levar a seu serviço. E bem sabeis que sempre o temos esperado. E segundo as coisas que o capitão nos tem dito daquele rei e senhor que o enviou aqui, tenho certeza, e vós também deveis ter, que aquele é o senhor que esperávamos. E como nossos predecessores não fizeram o que deviam a seu senhor, façamos nós e demos graças aos nossos deuses por ter vindo em nossos tempos o que aqueles tanto esperavam. E por tudo isto que é notório, rogo-lhes que, assim como até agora me haveis tido e obedecido como senhor, de agora em diante tenhais e obedeceis a este grande rei, pois ele é o vosso senhor natural, e em seu lugar tenhais este seu capitão. Todos os tributos e serviços que até aqui me eram prestados, passarão a ser prestados a ele. Eu mesmo tenho que servir e contribuir com tudo que me mandar. Se fizerdes o que deveis e sois obrigados a fazer, a mim estareis dando muito prazer". Disse tudo isto em meio a lágrimas e suspiros, de maneira tão emocionante que aqueles senhores que ali estavam ouvindo também chegaram às lágrimas e não conseguiram responder uma só palavra. Somente depois de algum tempo, quando aliviaram as lágrimas, é que conseguiram dizer que cumpririam tudo o estabelecido, dando-se por vassalos de vossa majestade.

    Passado o oferecimento que estes senhores fizeram ao real serviço de vossa majestade, falei um dia com Montezuma e lhe disse que vossa alteza tinha necessidade de ouro para certas obras que mandara fazer e que rogava que mandasse algumas pessoas suas, acompanhadas de espanhóis, às terras e casas daqueles senhores que ali haviam se oferecido. Imediatamente ele pediu que eu designasse os espanhóis que queria mandar, os quais foram repartidos junto com os homens de Montezuma pelas diversas e distantes províncias, em busca das oferendas daqueles senhores. E todos estes fizeram, muito gentilmente, suas oferendas em jóias de ouro e prata, além de outros objetos em ouro que, fundido tudo o que era para fundir, coube do quinto a vossa majestade trinta e dois mil e quatrocentos e tantos pesos de ouro, sem contar as jóias de prata, plumagens, pedras e muitas outras coisas de valor, as quais por sua novidade não têm nem preço. Tudo é tão fabuloso que não se pode crer que príncipe algum no mundo tenha algo igual. Além disto, Montezuma mandou fazer de ouro imagens, crucifixos, medalhas, jóias e colares, sendo tudo lavrado de maneira muito perfeita[27]. Além disto, Montezuma me deu muitas roupas suas, que são feitas de algodão e seda, muito coloridas e muito finas, bem como tapetes, que podem ser usados em igrejas, colchas e cobertores de camas, tanto de pluma como de algodão, de diversas cores, tudo muito lindo.

Procurarei dar, mui poderoso senhor, um pequeno relato das grandezas, maravilhas e estranhezas desta grande cidade de Tenochtitlán, de sua gente, seus ritos e costumes, assim como da maneira ordeira como a governam, o que se dá da mesma forma nas outras cidades. Mas, certamente, tudo que direi será pouco para descrever o que aqui existe. Mas, pode acreditar vossa majestade que, se algum erro cometer, será por exclusão e não por excesso. Esta grande cidade de Tenochtitlán está fundeada em uma lagoa e desde a terra firme até o centro da cidade, por qualquer parte que se entrar, há duas léguas. Esta cidade é tão grande como Sevilha e Córdoba.[28] As ruas principais são muito largas e retas. A maioria delas são metade de terra e metade de água, por onde andam com canoas. Todas as ruas, de trecho em trecho, estão abertas por uma travessia de água. Há duas pontes, de vigas muito bem trabalhadas e fortes. Tem muitas praças, onde há contínuos mercados e pontos de compra e venda. Há uma praça tão grande que corresponde a duas vezes a cidade de Salamanca, com pórticos de entrada, onde há cotidianamente mais de sessenta mil almas comprando e vendendo. Há todos os gêneros de mercadorias que se conhece na terra, desde jóias de ouro, prata e cobre, até galinhas, pombas e papagaios. Há casas como de boticários, onde vendem os medicamentos feitos por eles, assim como ungüentos e emplastros. Há casas como de barbeiros, onde lavam e raspam as cabeças. Há casas onde dão de comer e beber mediante um pagamento. Há homens como os que chamam em Castela de "ganha-pão" para trazer cargas. Há muita lenha, carvão e esteiras para camas de diversos tipos. Há verduras de todos os tipos, mel de abelha, fios de algodão para tecer, couro de veado, tintas para pintar tecidos e couros, louças de muito boa qualidade, milho em grão ou já transformado em pão de excelente sabor. Enfim, vendem tantas coisas que seria prolixo relatar todas aqui, mas é preciso salientar que em cada rua é vendido apenas um tipo de mercadoria, havendo muita ordem quanto a isto. Há no centro da praça uma casa de audiências, onde estão sempre reunidos dez ou doze juízes para julgar as questões decorrentes de desacertos nas compras e vendas. Também mandar castigar aqueles que cometem atos de delinqüência.

Possui esta grande cidade muitas mesquitas ou casas de seus ídolos, todas de formosos edifícios situados em todos os bairros[29]. Nas principais há religiosos que residem permanentemente. Estes religiosos se vestem de negro e nunca cortam o cabelo. Todos os filhos dos senhores importantes freqüentam estas mesquitas desde os sete anos até o casamento. As mulheres, todavia, não têm acesso a nenhuma casa de religião. Há uma mesquita principal que não existe língua humana que consiga descrever a sua beleza e as suas particularidades. Sua área é tão grande que se poderia fazer ali uma vila de quinhentos vizinhos. Possui amplas salas, ótimos aposentos e quarenta torres muito altas, sendo que a mais alta é maior que a torre da igreja principal de Sevilha.

Dentro da grande mesquita há três salas onde estão os ídolos principais, todas de maravilhosa grandeza e belos trabalhos em cantarias, madeiramento e figuras esculpidas. Dentro destas salas estão pequenos compartimentos, sem claridade nenhuma, onde ficam alguns religiosos. Ali dentro é que ficam seus ídolos. Os principais destes ídolos e nos quais eles tinham mais fé eu derrubei de seus assentos e os fiz descer escada abaixo. Fiz também com que limpassem aquelas capelas, pois estavam cheias de sangue dos sacrifícios que faziam. Em lugar dos ídolos mandei colocar imagens de Nossa Senhora e de outros santos, apesar da resistência de Montezuma e de outros nativos, por entenderem que as comunidades se levantariam contra mim. Eu os fiz entender quão enganados estavam em ter esperanças naqueles ídolos, e que deveriam saber que existe um só Deus, senhor universal de todos, o qual havia criado o céu, a terra e todas as coisas e fez a eles e nós, sendo imortal, e que a este é que deveriam adorar. Insisti para que não matassem mais criaturas em sacrifícios para seus ídolos e providenciei a limpeza das capelas e colocação de nossos santos. As estátuas destes ídolos são tão grandes quanto um homem. São feitas de sementes e legumes que comem, moídos e amassados com sangue de coração de corpos humanos, os quais arrancam do peito vivo. Cada coisa tem seu ídolo. Assim, há, por exemplo, um ídolo para a guerra, outro para a colheita e assim por diante.

A cidade possui muitas e muito boas casas e a causa principal disto é que todos os principais vassalos de Montezuma residem certo tempo do ano ali. Além disto, há muitos cidadãos ricos. Estas casas possuem amplos e ótimos aposentos, todos com jardins em flor, tanto os altos como os baixos. Pela calçada que chega à cidade vêm dois canos de argamassa, com uma largura de dois passos cada um. Por um deles chega a água doce à cidade, da qual todos se servem e bebem. O outro serve de alternativa, com a água sendo desviada por ali quando querem limpar o primeiro cano.

Considerando ser esta gente bárbara e tão apartada do conhecimento de Deus, é de se admirar ao ver como têm todas as coisas. As pessoas andam bem vestidas, com boas maneiras, quase da mesma forma como se vive na Espanha. Nos mercados e lugares públicos há muitas pessoas e especialistas de determinados ofícios que ficam na espera de quem os venha contratar por jornadas. Há muito mais coisas a relatar a vossa alteza sobre esta cidade, o que não o farei para não ser prolixo, embora ainda volte a falar dela. No que toca a Montezuma, sua grandeza e admiração, há tanto que escrever que certifico a vossa alteza que não sei por onde começar. Que mais se pode admirar do que um senhor bárbaro como este ter à sua disposição o melhor que há debaixo do céu em ouro, prata, pedras e plumas? Tão natural o ouro e a prata que não há ourives no mundo que melhor fizesse. Não se consegue também dimensionar quão grandes são as terras sob o domínio de Montezuma. O que se pode dizer é que ele domina uma área pelo menos do tamanho da Espanha, porque desde esta parte de Putunchan, que é o rio de Grijalba, enviou mensageiros a que se dessem por vassalos de vossa alteza aos nativos da cidade de Cumután, que fica a duzentas e trinta léguas de distância. Por cento e cinqüenta léguas eu fiz os espanhóis os acompanhar.

Todos os senhores de províncias prestavam serviços a Montezuma e possuíam forças à sua disposição. E cada província lhe prestava serviço de acordo com a qualidade da terra, de maneira que ele recebia tudo que precisava. Nas cercanias da cidade ele tinha muitas casas de prazer, cada uma com sua maneira de passar o tempo, todas muito bem trabalhadas, de acordo como poderia exigir um grande príncipe e senhor. Dentro da cidade ele tinha suas casas de aposentos, todas de grande beleza e conforto que se torna impossível descrever, pois na Espanha não há nada igual. Tinha uma outra casa, de mármore e louça de jaspe, com jardins e miradores, que servia para abrigar até dois grandes príncipes com todas as suas comitivas. Esta casa tinha dez lagos artificiais onde mantinham todas as espécies de aves aquáticas de que se tem conhecimento. De tempos em tempos, esvaziavam estes lagos para limpar e trocar as águas. Só para cuidar destas aves havia trezentos homens, que davam o tipo de alimento que cada uma delas gostava. Havia uma outra casa onde só cuidavam de aves e animais ferozes, como águias de todas as espécies, leões, tigres, leopardos e outros bichos. Todos estes animais eram tratados com galinhas em abundância. Havia também trezentos outros homens para cuidá-los.

As refeições de Montezuma obedeciam a um ritual, pois vinha uma longa fila de jovens trazendo todo o tipo de comida, desde aves, pescado, frutas e legumes que enchiam uma sala. Como esta terra é muito fria, debaixo de cada bandeja traziam um braseiro para manter a comida quente. Ao princípio e ao fim da comida lhe davam água e toalha para lavar as mãos. Uma vez usada a toalha, não se usava mais. Da mesma forma procediam com os pratos. Se Montezuma queria repetir a comida ou comer um outro tipo, traziam-lhe um outro prato. Montezuma trocava de roupas quatro vezes por dia e as roupas que tirava nunca mais voltava a usar. Todos os senhores que entravam em sua casa tiravam o calçado e levavam a cabeça e olhos inclinados em sinal de reverência. Quando ele passava pela rua as pessoas igualmente baixavam a cabeça, não o olhando diretamente. Ele era sempre conduzido em um andor, precedido de um senhor que levava três varas, uma das quais ele apanhava ao descer e usava como bastão enquanto caminhava. Eram tantas e tão diversas as cerimônias que este senhor tinha a seu serviço que era necessário mais espaço do que o que tenho presentemente para escrever sobre ele.

Estando ao real serviço de vossa majestade nestas terras desde 8 de novembro de 1519 até o entrante mês de maio do presente ano e tendo repartido muitos dos espanhóis pelas diversas províncias, aguardava a chegada de algum navio com a resposta do relato que eu enviara a vossa alteza, pensando remeter por eles o presente relato e todas as coisas de ouro e jóias que reuni para vossa majestade. Assim estava nesta espera quando um dia me chegaram alguns índios que moram na costa e me disseram que haviam chegado a San Martin dezoito navios e que eles não sabiam quem eram. Em seguida chegou um nativo da Ilha Fernandina, que me trouxe uma carta de um espanhol que eu havia deixado na costa para observar a chegada de algum navio e me avisar. Na carta dizia que: "Em tal dia havia aparecido um navio em frente ao porto de San Juan e que ele havia observado por toda a costa e não havia nenhum outro e que acreditava que esta fosse a nau que eu havia enviado a vossa sacra majestade, pois já era hora de estar de volta. Mas, para melhor me informar, ele aguardaria no porto e logo viria me fazer um relato". Imediatamente mandei ao dito porto mensageiros espanhóis por dois caminhos distintos e enviei também outros à vila de Vera Cruz para se informarem sobre o que o pessoal dali sabia a respeito dos ditos navios. Passaram-se quinze dias sem que eu nada soubesse, até que chegaram outros índios, vassalos de Montezuma, dos quais soube que os navios já estavam atracados no porto de San Juan e a gente desembarcada, havendo oitocentos homens, oitenta cavalos e dez ou doze tiros de fogo. Tudo vinha desenhado em um papel para ser mostrado a Montezuma. E me disseram também que o capitão daquela gente não deixara o espanhol que eu havia posto na costa vir me avisar. Sabendo disto, decidi enviar um religioso[30] que trouxera em minha companhia, com uma carta minha e outra de alcaides e regentes da vila de Vera Cruz que também me acompanhavam. Eram dirigidas ao dito capitão para que, através de um muito extenso relato, ficasse sabendo o que nesta terra me havia sucedido e como tinha muitas cidades, vilas e fortalezas conquistadas e pacificadas, submetidas ao real serviço de vossa majestade. Disse também como mantinha sob meu controle o senhor de todas estas terras e pedia-lhes que me fizessem saber quem eram e se eram vassalos naturais de vossa alteza. E se tivessem alguma necessidade eu lhes proveria de tudo que precisassem e pedia-lhes que logo se fossem. Da mesma forma, se fossem estrangeiros, eu lhes proveria das necessidades, mas teriam que ir logo embora senão eu iria contra eles com espanhóis e nativos. Cinco dias depois de partir o religioso chegaram a Tenochtitlán vinte espanhóis da vila de Vera Cruz trazendo junto um clérigo e dois leigos que haviam tomado em dita vila, dos quais fiquei sabendo que a armada que estava no porto era enviada por Diego Velásquez e que quem estava no seu comando era Pánfilo de Narváez. Este se nomeava capitão-geral e tenente-governador de todas estas partes em nome de Velásquez e que para isto trazia autorização de vossa majestade. Quase junto com esta gente chegava com cartas do capitão um espanhol chamado Juan Velásquez de León, o qual me fez um relato da gente que chegara ao porto e me confidenciou que Diego Velásquez mandara aquela frota para me matar e tomar as terras que eu havia conquistado, tudo só porque eu enviara o relato do que aqui tenho feito direto para vossa alteza e não para Diego Velásquez. Informou-me também como o licenciado Figueroa, juiz da Ilha Espanhola, havia intercedido para que Velásquez não enviasse a dita armada. Chegou a enviar o licenciado Lucas Vázquez de Ayllón à Ilha Fernandina. Este, chegando lá, encontrou a frota pronta para partir e alertou que a mesma estaria prestando um desserviço a vossa majestade. Mesmo assim Velásquez deu ordem de partida, o que fez com que o licenciado Ayllón resolvesse acompanhar a frota, estando, portanto, no mesmo porto em que os navios estão atracados, buscando evitar que Narváez cometa algum dano. Mandei então um outro clérigo com mensagem a Narváez, dizendo que folgava muito em saber que era ele, meu amigo, que era o capitão da armada que chegava, mas que estranhava que, sendo sabedor que eu estava naquelas terras em nome de vossa alteza, não havia me mandado qualquer mensagem. Comuniquei também que soubera que ele havia se intitulado capitão-geral e tenente-governador por Diego Velásquez, tendo nomeado alcaides e executores de justiça, o que era contra as leis e se constituía num desserviço a vossa majestade, posto que eu já estava aqui executando tudo isto em nome de vossa alteza. Agora, caso tivesse determinações expressas de vossa majestade, que as apresentasse para mim que seriam obedecidas. Enviei também uma carta para o licenciado Ayllón, o qual, fiquei sabendo depois, fora preso por Narváez e enviado para os navios.

No dia em que o clérigo partiu, chegou um mensageiro da vila de Vera Cruz dizendo que os nativos daquela vila e de Cempoal não estavam dispostos a lutar contra Narváez, porque este havia dito que eu era mau e vinha me prender e porque ele trazia muita gente e muitas armas e eu tinha pouca gente e poucas armas. Assim deixavam para que *viva quem vencer.* E como sabiam que Narváez ia se hospedar em Cempoal, os nativos da vila decidiram abandoná-la, retirando-se para as montanhas. Percebendo o grande dano que se avizinhava, resolvi ir pessoalmente conversar com Narváez. Parti naquele mesmo dia, deixando a fortaleza bem abastecida de milho e água e com quinhentos homens dentro dela e alguns tiros de pólvora. Com setenta homens segui meu caminho, levando alguns senhores principais de Montezuma. Antes de partir fiz muitas observações a Montezuma, alertando-o que agora era vassalo de vossa alteza, de quem deveria receber muitas graças pelos serviços que havia prestado. E pedi-lhe que cuidasse de toda jóia e ouro que me havia dado para ser enviado a vossa alteza. Ele prometeu cuidar de tudo e enviar gente para lutar a meu lado se aqueles espanhóis com quem eu ia falar fossem gente má. No caminho encontrei o religioso que havia enviado ao porto para saber que gente estava lá. Ele me trazia uma carta de Narváez em que dizia que recebera poderes de Diego Velásquez para tomar estas terras. E disse-me como haviam feito alarde da artilharia que trouxeram, mostrando a ele e aos nativos como poderiam dominar quem quisessem, já tendo inclusive conquistado um senhor vassalo de Montezuma, a quem tinham por governador dos portos ao longo de toda a costa. Este já havia dado jóias e ouro a Narváez. Soube também que Narváez havia enviado mensageiros a Montezuma, dizendo-lhe que iria soltá-lo e prender a mim e aos de minha companhia, devendo em seguida ir-se daqui. Sentindo o desserviço que ele preparara contra vossa majestade, resolvi seguir meu caminho e tentar demovê-lo de suas intenções. Quinze léguas antes de chegar à cidade de Cempoal, onde Narváez estava alojado, chegaram a mim dois clérigos deles, para um dos quais eu havia enviado a mesma carta que mandara ao licenciado Ayllón, e mais um tal de Andrés de Duero, vizinho da Ilha Fernandina. Disseram-me de parte de Narváez que eu deveria obedecê-lo, pois de outra maneira me faria grandes danos, visto que tinha grande poder em armas e gente e que a maioria dos nativos da terra estava a seu favor. E que se eu quisesse deixar aquela terra me daria navios e tudo o necessário para os que me acompanhassem. Eu respondi que não via documento de vossa majestade determinando que eu deveria entregar as terras e que se alguém o trazia que apresentasse a mim e ao cabildo de Vera Cruz, segundo ordem e costume de Espanha. Se me apresentassem o documento eu o acataria imediatamente, mas se não o fizessem eu e os que estavam comigo estávamos dispostos a morrer em defesa destas terras, pois as havíamos conquistado e pacificado para vossa majestade e não poderíamos ser traidores e desleais para com nosso rei. Usaram ainda outros argumentos mas não conseguiram me demover. Por fim, acertamos um encontro de Narváez, com dez homens, e eu com outros dez, para que ele me apresentasse a procuração que trazia, se é que trazia, e para que eu lhe respondesse. Todavia, antes que se procedesse o encontro descobri que ele pretendia se valer do mesmo para me matar, pois sentia que uma vez que eu estivesse morto todos iriam obedecê-lo. Mandei então uma carta a Narváez e outra ao religioso, dizendo que sabia de suas intenções e que não me encontraria com ele da forma como ficara acertado. E pedi a todas as pessoas que estavam com Narváez para que não o obedecessem e que deveriam comparecer ante mim para que eu lhes dissesse o que deveriam fazer em nome de vossa alteza, caso contrário estariam desobedecendo e traindo a seu rei e senhor. E que se não fizessem isto eu iria prendê-los e castigá-los. A resposta de Narváez foi prender o escrivão e as demais pessoas que eu enviei, até que chegassem outros emissários que mandei para indagar dos primeiros. Voltou a fazer alarde de suas armas para estes, ameaçando matar toda minha gente se não entregássemos as terras. Visto que por nenhuma maneira eu conseguia evitar tão grande dano, encomendei-me a Deus e decidi correr o risco de morrer a serviço de meu rei, para defender e amparar suas terras e minha companhia. Assim, dei ordens a Gonzalo de Sandoval, aguazil maior, para prender Narváez e aos que se intitulavam alcaides e regedores. Dei-lhe oitenta homens e segui atrás com cento e cinqüenta – pois ao todo éramos duzentos e cinqüenta sem tiro de pólvora nem cavalo, para ajudá-lo no caso de Narváez e os outros resistirem à prisão.

No dia em que o aguazil maior e eu chegamos às cercanias da cidade de Cempoal, Narváez saiu a campo com quinhentos peões e oitenta a cavalo, deixando seu acampamento que era na mesquita maior da cidade, onde montara uma fortaleza. Chegou até uma légua perto de nós mas não nos encontrou. E como as informações que tinha sobre nossa ida eram dadas por índios, achou que estivessem sendo enganados e retornou. Como eu queria evitar maiores estragos, pareceu-me que o mais prático seria sair à noite, ir até os aposentos de Narváez e prendê-lo, pois com ele detido não haveria maiores problemas, visto que os demais queriam obedecer à justiça. Foi assim que no dia da Páscoa do Espírito Santo, à meia-noite, cheguei ao seu aposento, prendi um vigia mas o outro me escapou. Tratei de agir o mais rápido possível para chegar até Narváez antes do vigia que escapara, mas não foi possível. Quando cheguei, Narváez e os da sua companhia já estavam armados e com os cavalos encilhados. Para cada duzentos homens havia quatro vigias. Chegamos tão sem ruído que quando fomos percebidos eu já entrava pelo pátio do aposento e já tínhamos tomado três ou quatro torres da mesquita. Em uma delas Narváez estava abrigado e nos esperava com cinqüenta homens. Depois de muita luta o aguazil maior conseguiu prender Narváez, enquanto eu ficava defendendo a entrada das torres. Assim, com a morte de apenas dois homens, em cerca de uma hora eram presos todos os homens que deviam ser detidos. Todos os principais assessores de Narváez prometeram ser obedientes à justiça de vossa majestade, dizendo que até ali haviam sido enganados, pois lhes disseram que tinham mandato de vossa alteza e que eu era traidor e havia me alçado junto com os nativos. E como finalmente conheceram a verdade e as más intenções de Diego Velásquez e de Narváez, todos ficaram muito contentes, pois assim Deus havia determinado. Certifico a vossa alteza que se Deus, misericordiosamente, não nos tivesse dado a vitória, teríamos presenciado o maior confronto entre espanhóis e o maior dano que se poderia causar ao vosso reino, pois em vinte anos não teriam dominado esta terra que já estava conquistada e pacificada.

Dois dias depois da prisão de Narváez, enviei dois capitães, com duzentos homens cada um, para estabelecer o povoado no porto de Cucicacalco, que já me referi a vossa alteza, e outro para aquele rio que teria sido visto pelos navios de Francisco de Garay. Mandei ainda outros duzentos à vila de Vera Cruz para deter os navios de Narváez, enquanto que eu me detive em Cempoal para atender aos serviços de vossa majestade. Despachei ainda um mensageiro a Tenochtitlán para contar o que me havia sucedido. Ele voltou ao final de doze dias me trazendo uma carta do alcaide que ali havia deixado, contando que os índios haviam atacado a fortaleza, colocando fogo e fazendo armadilhas e que se viram em grande perigo e teriam sido mortos se Montezuma não mandasse parar o combate. Tinham ficado sem nenhuma provisão e sem os quatro bergantins, estando passando muita necessidade[31]. Em vista da necessidade dos espanhóis, que se eu não socorresse morreriam e com isto perderíamos todas as jóias, todo o ouro e toda a prata que havíamos conquistado, bem como aquela cidade maravilhosa, que era a maior e mais nobre que havíamos tomado, decidi mandar mensageiros a chamar os capitães que eu havia enviado para outros lugares. Pedi que todos se juntassem a mim na província de Tascaltecal. Ali conseguimos reunir quinhentos homens e setenta cavalos e com eles partimos com toda pressa para Tenochtitlán. No caminho, nenhuma pessoa de Montezuma veio me encontrar como acontecia antes, e toda a terra estava alvoroçada e quase despovoada, o que me provocou más suspeitas. Segui com todo o cuidado, temendo que os espanhóis tivessem sido mortos e que nos preparavam uma cilada. Cheguei até a cidade de Tescanan que, como já relatei a vossa alteza, fica na beira daquela grande lagoa. Ali perguntei a alguns nativos sobre os espanhóis que haviam ficado na grande cidade e estes me responderam que estavam vivos.

Quando eu me preparava para mandar emissários até Tenochtitlán, chegou pelo mar uma canoa com um espanhol vindo de lá, o qual contou que estavam vivos, com exceção de uns cinco ou seis que os nativos haviam matado, mas que eles estavam cercados na fortaleza, carecendo dos mantimentos essenciais, que os nativos só concordaram em entregar mediante um alto resgate. E que Montezuma dizia que esperava apenas pelo meu retorno para que todos pudessem voltar a andar pela cidade como antes. Junto com o espanhol veio também um emissário de Montezuma, o qual mandava me dizer que acreditava que eu já soubesse o que havia acontecido na grande cidade e, portanto, deveria estar revoltado e com intenção de represália, mas que ele pedia a mim que aplacasse a ira, porque tudo o que ocorrera fora sem seu consentimento e que ele sentia muito por tudo isto. Pedia que eu fosse me hospedar na cidade e que ali só se faria o que eu mandasse. Eu mandei dizer-lhe que não trazia raiva nenhuma contra ele, porque conhecia sua boa vontade e que assim como ele dizia eu iria fazer.

No dia seguinte, que era véspera de São João Batista, parti e dormi no caminho a três léguas da grande cidade. Segui caminho no outro dia, depois de ouvida a missa, e ao meio-dia entrei na cidade, tendo visto pouca gente nas ruas, o que me deixou preocupado. Dirigi-me logo para a fortaleza e os que ali estavam nos receberam com enorme alegria, como se estivéssemos lhes devolvendo a vida. Ali permanecemos aquele dia e noite, acreditando que estava tudo tranqüilo. No outro dia, depois da missa, mandei um emissário a Vera Cruz para dar as boas novas de que os cristãos estavam vivos, que eu estava na cidade e que esta estava segura. Este mensageiro, no entanto, voltou meia hora depois, todo ferido e esfarrapado, dizendo que os índios estavam em guerra e que haviam erguido todas as pontes. Logo atrás dele vinha uma multidão de nativos, que cobriu todas as ruas e terraços de casas. Era tamanha a gritaria que faziam que quase nos ensurdeciam e logo passaram a nos arremessar uma chuva de flechas e pedras que inundou o pátio da fortaleza. Eu saí da fortaleza, tendo mandado para um outro lado um capitão com duzentos homens. Este, no entanto, teve que se recolher logo, pois mataram quatro de seus homens e feriram muitos deles, inclusive ele próprio. Eu e meus homens também sofremos muitos ferimentos e conseguimos matar muito poucos índios, pois estes se protegiam nos terraços e dali nos lançavam as flechas e pedras. Na fortaleza ofereceram tão intenso combate e colocaram fogo em diversas partes que por pouco não foi toda consumida. Não fosse a guarda de escopeteiros, balisteiros e outros tiros de pólvora não teríamos conseguido resistir. Assim permanecemos lutando até a noite e mesmo quando esta já se fazia alta ainda se ouvia os gritos de alguns índios que tentavam voltar a atacar. Aproveitei a noite para reparar os estragos da fortaleza, principalmente os causados pelo fogo, e para tratar dos feridos, que eram mais de oitenta.

Logo que clareou o dia, os inimigos começaram a nos combater novamente, com tanta intensidade que, embora cada tiro dos nossos derrubasse doze ou quinze deles, não se percebia diferença, pois logo aquele espaço era ocupado por outros tantos. Eu deixei a fortaleza e saí às ruas, conseguindo tomar-lhes algumas pontes e algumas casas, matando muita gente nestas. Mas eram tantos que por mais que matássemos pouca diferença fazia. Também feriram neste dia cinqüenta ou sessenta espanhóis, embora não tenha morrido nenhum dos nossos. Vendo o grande dano que o inimigo nos causava e vendo também que embora matássemos um bom número deles não fazia diferença, passamos aquela noite e o outro dia preparando três engenhos de madeira. Consistiam em grandes coberturas de madeira, onde iam dentro até vinte escopeteiros e balisteiros, os quais ficavam a salvo das pedras e flechas. Enquanto esta artilharia ia afastando e matando os índios, outros dos nossos homens iam avançando com machados e picaretas e destruindo as casas e barricadas que eles haviam montado nas ruas. Mas à medida que os nossos saíam da fortaleza os índios tentavam nela entrar, e tivemos muita dificuldade em protegê-la. Montezuma, que ainda estava preso com um filho seu e alguns senhores, pediu-me para deixá-lo subir até o terraço da fortaleza de onde falaria aos capitães daquela gente, pedindo-lhes que parassem a guerra. Eu concordei, mas bastou ele começar a falar para ser atingido por uma pedra, que provocou sua morte três dias depois. Estando ele morto, mandei levá-lo à sua gente e não sei o que fizeram com ele, salvo que a guerra não cessou, pelo contrário, continuou ainda mais intensa[32].

Neste dia, pediram-me que fosse conversar com certos capitães. Assim o fiz e trocamos muitas opiniões. Roguei-lhes que não lutassem comigo e que olhassem as obras que de mim haviam recebido e vissem como eu sempre os tinha tratado bem. A resposta deles era que eu fosse embora e deixasse a sua terra, que logo pararia a guerra. De outra maneira, continuariam lutando até terminar conosco ou morrerem todos eles. A mim pareceu que insistiam nisso para que eu deixasse a fortaleza com todos meus homens e eles nos matassem a todos. Respondi-lhes que não lhes rogava a paz por temor, mas por pena do dano que eu lhes causava e por me ver obrigado a destruir aquela cidade tão boa e bonita. Todavia me respondiam que não cessariam de me guerrear enquanto não saísse da cidade.

Utilizando aqueles engenhos, saí no outro dia para lhes tomar alguns terraços e pontes, levando junto três mil índios de Tascaltecal. Chegando a uma ponte, colocamos o engenho sobre uma sacada próxima, mas tantas eram as pedras que nos arremessavam que desconsertaram o engenho e mataram um espanhol e feriram muitos outros, sem que perdessem nenhum passo. Lutamos desde a manhã até o meio-dia e tivemos que nos recolher à fortaleza. Isto lhes deu tanto ânimo que chegaram quase até a nossa porta. Tomaram uma mesquita grande que ficava próxima e levaram para lá grande quantidade de alimentos e água, tendo colocado até quinhentos índios nas torres, com muitas lanças com ponta de ferro semelhantes às que usávamos, porém menos agudas na ponta. Dali conseguiram fazer muito dano à gente da fortaleza, pois estavam muito perto dela. Um grupo de espanhóis tentou tomar a torre da mesquita onde os índios se estabeleceram, mas estes eram tantos e lutavam com tanta bravura que à medida que os nossos tentavam subir a escada iam sendo jogados para baixo. Esta ação deu muito ânimo para os demais índios, o que nos fazia sentir que se não tomássemos aquela torre eles iriam tomar nossa fortaleza. Mesmo estando ferido na mão esquerda, decidi reunir um grupo para atacar a torre da mesquita. Nossa primeira ação foi cercar a base da torre, onde, apesar de manter isolados os que estavam dentro, éramos atacados por todos os lados. Comecei a subir a escada sendo seguido pelos espanhóis. Eles conseguiram abater três ou quatro dos nossos, mas com a ajuda de Deus e de sua gloriosa mãe, cuja imagem havíamos colocado naquela torre, conseguimos subir até o primeiro dos vários terraços que possuía a torre ao longo de sua altura. Lutamos ali mais de três horas, até que conseguimos derrubar os índios, que eram mortos pelos espanhóis que estavam na base. Mandei colocar fogo naquela torre e nas demais da mesquita, de onde já havíamos retirado as imagens que havíamos posto.

Perderam muito de seu orgulho ao tomarmos a fortaleza. Aproveitei para subir ao terraço e falar aos capitães, com quem antes conversara, e que já estavam muito desanimados. Disse para eles que olhassem como não podiam acabar conosco, pois continuávamos a lhes fazer grandes danos e todos os dias morriam muitos deles. E que continuaríamos a queimar e destruir suas casas e cidades até que não sobrasse coisa alguma. Eles me responderam que percebiam o grande dano que sofriam e que morriam muitos dos seus, porém, permaneciam determinados a lutar até acabar conosco ou morrerem todos. E que eu olhasse por aquelas ruas, praças e terraços e verificasse quão cheias estavam e que eles já haviam feito a conta, que podiam morrer vinte e cinco mil deles para um dos nossos que assim mesmo acabariam conosco, pois éramos poucos e eles muitos. Fizeram-me saber mais, que haviam destruído todas as passagens de saída da cidade, exceto uma. Que não poderíamos sair a não ser por água e que sabiam que tínhamos poucos mantimentos e pouca água doce, o que faria com que, mesmo que não nos matassem, viéssemos a morrer de fome e sede. Na verdade, eles tinham razão, pois mesmo que não tivéssemos mais guerra bastaria a fome e a sede para morrermos em breve tempo. Passamos muito tempo argumentando uns para os outros sem que chegássemos a um acordo. Quando chegou a noite, saí com alguns espanhóis e, tomando-os descuidados, conquistei-lhes uma rua, onde queimamos mais de trezentas casas e alguns terraços que estavam situados próximos à fortaleza e de onde nos causavam danos. Com a ação desta noite conseguimos causar-lhes grande temor. Aproveitei a mesma noite para mandar consertar os engenhos que eles haviam danificado.

Para seguir a vitória que Deus nos dava, saí ao amanhecer por aquela rua que conquistáramos, que era a única em que estava intacta a calçada que levava à terra firme, embora para chegar até lá houvesse oito pontes muito grandes e muitas torres e terraços ao longo do caminho. Com muita determinação, ânimo e ajuda de Nosso Senhor, ganhamos aquele dia quatro das pontes e colocamos fogo em todas as torres e terraços ao longo do caminho. Isto apesar de, na noite anterior, eles terem feito junto às pontes barricadas de tijolo e barro, de modo a se protegerem de nossos tiros de balista. Tomei todas as precauções na noite seguinte de colocar guardas protegendo aquelas pontes conquistadas. No outro dia, tornei a sair e Deus mais uma vez nos deu boa sorte e vitória, tendo conquistado todas as outras pontes que faltavam. Estando eu preparando aquelas pontes para serem destruídas, chegaram alguns dos nossos a cavalo informando que os que estavam na fortaleza estavam sendo combatidos, mas que os capitães dos índios pediam paz e me esperavam para conversar. Deixando ali toda a gente, segui com apenas mais dois a cavalo para ver o que aquela gente queria. Eles me disseram que, se eu lhes assegurasse que não seriam punidos, mandariam levantar o cerco, reconstruir as pontes destruídas e voltariam a servir a vossa majestade como faziam antes. Pediram-me que fizesse chegar até ali um religioso seu que eu prendera e que era como um general daquela região. Este veio e conseguiu a mediação entre eles e eu. E logo, assim pareceu, enviou mensageiros aos capitães de outras estâncias pedindo que cessassem a guerra. Com isto nos despedimos e eu fui para a fortaleza comer. Mal havia começado a refeição e chegaram espanhóis a muita pressa dizendo que os índios haviam tornado a ganhar as pontes, matando alguns dos nossos. Só Deus sabe com quanta revolta recebi a notícia. Cavalguei com a maior pressa que pude, com outros a cavalo me seguindo, e sem deter-me em nada irrompi entre os índios e tornei a conquistar-lhes as pontes, indo ao encalço deles até terra firme. Como os peões estavam cansados, feridos e atemorizados, nenhum me seguiu. Em vista disto, quando quis voltar depois de passar as pontes, encontrei todas cheias de índios. Da mesma forma estavam repletas as ruas e a água, onde ficavam nas canoas. Todos passaram a apedrejar a mim e aos poucos que me acompanharam a cavalo desde a fortaleza e só Deus misericordioso pôde me salvar, mas quando cheguei à cidade encontrei caídos todos os que iam a cavalo comigo. De modo que não pude passar e tive que ir só contra todos meus inimigos. Todavia, consegui abrir uma brecha e passar, embora tivesse que dar um grande salto com o cavalo.

Assim, terminaram aquela noite com vitória, tendo reconquistado aquelas quatro pontes, embora eu mantivesse o controle sobre outras quatro. Mas vendo o perigo que corríamos e a possibilidade de os índios destruírem a única passagem que ainda restava para terra firme, e ainda pelo fato dos nossos estarem já muito esgotados pelos combates, mandei construir uma ponte de madeira que deveria ser carregada por quarenta homens. Reuni todo o ouro e jóias destinados a vossa majestade em uma sala e os entreguei aos cuidados dos oficiais de vossa alteza. E em seu real nome, roguei a todos os alcaides e regentes que ali estavam que me ajudassem a salvar este tesouro. Destaquei alguns criados meus para ajudarem a carregar o ouro e jóias. Assim, deixamos desamparada a fortaleza com muitas riquezas, tanto vossa como dos nossos espanhóis e minha. Saí o mais secretamente que pude, levando comigo um filho e duas filhas de Montezuma, além de Cacamacín, senhor de Aculuacan, um outro seu irmão que eu havia posto em seu lugar, bem como outros senhores de províncias e cidades que eu mantinha presos. Ao chegar à primeira das pontes que os índios haviam destruído, colocamos a que havíamos feito e passamos sem dificuldades. Mas na segunda já encontramos uma multidão pela frente e tivemos que lutar. Para não perdermos tempo, eu passava pela água, a nado, juntamente com a maior parte dos meus, enquanto que os cavalos e cargas iam pela ponte. Apesar dos combates, conseguimos chegar a terra firme. Voltei então à retaguarda e vi que ali ainda se travava grande combate e que os espanhóis e os índios de Tascaltecal que nos acompanhavam estavam levando a pior. Havíamos perdido todo o ouro, jóias, roupas, a artilharia e muitas outras coisas que trazíamos. Mandei recolher os feridos e com três ou quatro a cavalo e vinte peões que ousaram ficar comigo, saí ao encalço dos índios, até chegar à cidade de Tacuba. Em umas lavouras nos arredores dessa cidade fiquei esperando pelos nossos, que tiveram que continuar lutando até chegar ali, ficando pelo caminho o restante do ouro que trazíamos. Dali resolvemos tomar um morro onde existia uma torre e um local próprio para acampar com segurança. Mas só Deus sabe o sofrimento que foi para cumprir esta tarefa, porque não havia cavalo, dos vinte e quatro que nos restavam, que pudesse correr, nem cavaleiro que pudesse levantar o braço, nem peões que pudessem manear. Mesmo assim chegamos ao topo do morro, nos estabelecemos, mas os índios nos cercaram e não nos deixaram descansar uma hora sequer até a noite. Depois de cessados os combates, resolvemos fazer o levantamento de nossas perdas e constatamos que morreram cento e cinqüenta espanhóis, quarenta e cinco cavalos e mais de dois mil índios que serviam aos espanhóis, entre eles o filho e as filhas de Montezuma e os demais senhores que trazíamos junto. Naquela mesma noite, à meia-noite, saímos do acampamento silenciosamente, para não sermos percebidos, deixando algumas fogueiras acesas. Todavia, não sabíamos para onde íamos, a não ser pelas indicações de um índio de Tascaltecal, que prometeu nos guiar até suas terras se não nos impedissem o caminho. Os índios, porém, haviam colocado guardas para nos vigiar e estes perceberam que saímos. Nos seguiram até a alva, quando cinco dos nossos que iam a cavalo pela frente deram com um batalhão de índios que os atacou. Como vi que por todas as partes apareciam índios, resolvi distribuir nossa gente em quatro batalhões, um na frente, um atrás e um em cada lado, ficando os feridos no meio. Lutamos o dia todo e quis Nosso Senhor que a noite caísse e os combates cessassem e nós avistássemos um outro morro com uma torre e um lugar ótimo para acampar.

Parti no outro dia, uma hora depois de clarear, levando a dianteira e a retaguarda bem protegidas. Os índios nos seguiam e nos atacavam. Mas a cada arremetida que fazíamos com os cavalos eles se afastavam. Seguimos aquele dia algumas léguas até encontrar um povoado, cujos habitantes haviam se afastado. Ali pudemos descansar, comer algum milho e levar um pouco cozido ou tostado para comer no caminho. No outro dia, seguimos o caminho ditado pelo índio de Tascaltecal, mas sempre acompanhados pelos nativos, que com freqüência nos davam combate. Assim seguimos mais alguns dias e noites, até que nos mataram outro cavalo, o que foi muito sentido pois, depois de Deus, era a maior segurança que tínhamos. Todavia, pudemos aproveitar sua carne para saciar nossa fome e não deixamos para trás nem o couro. Vendo que a cada dia aparecia mais gente para nos atacar e nós sofríamos mais perdas, determinei a feitura de muletas para os feridos andarem, deixando livres os cavalos e homens que os conduziam em macas, para que pudessem também lutar. E parece que o Espírito Santo me dera um aviso com a idéia que tive, pois no outro dia foram tantos os índios que nos cercaram por todos os lados como nunca tínhamos visto antes. Mas quis Nosso Senhor mostrar seu grande poder e misericórdia para conosco, pois com toda sua grandeza conseguimos reunir forças e quebrar sua resistência, embora eles fossem tantos que chegavam a bater uns nos outros, a ponto de se estorvarem mutuamente. E assim fomos batalhando e quis Deus que morresse uma pessoa deles que devia ser a principal, pois logo cessaram os combates.

Assim seguimos mais descansados até uma pequena casa onde nos estabelecemos, junto a uma colina. Dali divisamos algumas serras da província de Tascaltecal, o que causou enorme alegria em nossos corações, pois já conhecíamos aquela terra e sabíamos por onde deveríamos sair. Permanecia, contudo, o temor de que os nativos daquelas terras, nos vendo tão debilitados, quisessem nos matar e adquirir a liberdade que antes tinham. No clarear do dia seguinte, seguimos nosso caminho, e agora já éramos seguidos por muito poucos dos nossos inimigos, embora houvesse inúmeras povoações deles pelas proximidades. E assim neste dia, que era um domingo, 8 de julho, saímos das terras de Culúa e chegamos à província de Tascaltecal, num povoado desta chamado Gualipán, de três ou quatro mil índios, onde fomos muito bem recebidos. Ali conseguimos descansar e matar a fome, embora tudo que adquiríamos tivesse que ser pago com ouro. Permaneci três dias neste povoado e ali vieram me ver Magiscacin e Sicutengal e todos os senhores daquela província e da de Guasucingo, os quais mostraram muita pena pelo que nos havia acontecido, e trataram de me consolar dizendo que muitas vezes haviam alertado que os de Culúa eram traidores, mas que eu deveria me alegrar por estar vivo[33]. E disseram que me ajudariam até morrer para me recuperar do dano sofrido, porque, além de obrigar aqueles a serem vassalos de vossa alteza, lhes doía muito o grande número de seus irmãos que morreram lutando em minha companhia, bem como pesavam as injúrias de tempos passados que haviam recebido daquela gente. Disseram ainda que, como vínhamos com muitos feridos e todos muito cansados de guerra, que fôssemos até uma cidade que dista quatro léguas que ali poderíamos descansar e nos recuperar em boas condições. Eu aceitei o convite e lhes presenteei com algumas jóias que haviam escapado às perdas que sofremos, com o que ficaram muito contentes. Fomos para a cidade e recebemos cama, roupa e comida farta. Quando havíamos passado anteriormente por esta cidade, rumo a Tenochtitlán, eu havia deixado ali alguns criados e alguns enfermos, com roupas minhas, prata e sete mil pesos em ouro fundido. Soube que depois disto vieram outros criados meus de Vera Cruz e haviam levado estes para lá, porém, no caminho, foram atacados e mortos pelos índios de Culúa. Soube também que morreram muitos espanhóis que se dirigiam para Tenochtitlán achando que eu estava pacificamente na cidade. Fiquei vinte dias nesta província de Tascaltecal tratando dos enfermos, mesmo assim alguns morreram, outros resultaram mancos e eu mesmo fiquei manco dos dedos da mão esquerda.

Apesar de todo o desgaste da guerra, eu não queria demonstrar fraqueza aos de Tascaltecal, que poderiam se confederar com os inimigos para nos liquidar. Procurando mostrar força e confiando na grandíssima bondade e misericórdia de Deus, que não permitiria que perdêssemos tão maravilhosa terra que havíamos conquistado para vossa majestade, resolvemos voltar a atacar os de Culúa numa província próxima chamada Tepeaca[34]. E assim lutamos e derrotamos os inimigos dessa província, fazendo com que os principais senhores dela viessem se oferecer como vassalos de vossa alteza, deixando em nós a convicção de que, com a ajuda de Nosso Senhor, as demais províncias em breve estarão submetidas ao real domínio de vossa majestade. Fiz muitos escravos nestas províncias – dos quais dei o quinto para os oficiais de vossa majestade – para provocar medo nos de Culúa e porque há gente que se não provocarmos grande e cruel castigo não se emenda jamais. Para manter a segurança, fiz estabelecer nessa província um povoado ao qual dei o nome de Vila Segura da Fronteira, nomeei alcaides, regedores e outros oficiais e providenciei a vinda de material para fazer uma fortaleza.

Estando escrevendo este relato, chegaram a mim certos mensageiros do senhor de uma cidade situada a cinco léguas desta província e que se chama Guacachula e que é a entrada de uma passagem para entrar na província do México. Disseram-me que vinham comunicar a obediência de seu senhor a vossa majestade, me fazendo saber também que nas suas terras estavam estabelecidos alguns capitães de Culúa. E que a uma légua dali estavam trinta mil homens em guarnição, prontos para evitar a minha passagem por ali e para impedir que os nativos da cidade prestassem serviços a vossa alteza. Vinham, portanto, me alertar e pedir minha ajuda para se livrarem daquela gente que lhes maltratava e roubava suas mulheres e suas fazendas. Depois de agradecer seu aviso e oferecimento, dei-lhes treze homens a cavalo, duzentos peões e trinta mil índios de nossos amigos, combinando que chegariam à cidade e prenderiam os capitães antes que a gente desses pudesse se aperceber. No caminho, os espanhóis passaram pela cidade de Churultecal e por uma parte da província de Guasucingo que divisa com as terras de Guacachula, estando a quatro léguas da cidade. Em algum povoado da província de Guasucingo os espanhóis ficaram sabendo que os nativos desta província estavam confederados com os de Guacachula e com os de Culúa, tendo planejado arrastar os espanhóis até suas terras para os matar. Como ainda não havia passado o pavor que os de Culúa impuseram aos espanhóis, esta informação causou grande pavor, fazendo com que logo prendessem aqueles senhores de Guasucingo que iam com eles, bem como os mensageiros de Guacachula. Voltaram até a cidade de Churultecal e dali me enviaram todos os presos, juntamente com os que iam a cavalo e os peões. Escreveu-me ainda o capitão que os nossos estavam muito temerosos, que aquela jornada lhes parecia muito dificultosa.

Chegados os presos, falei-lhes através dos intérpretes que tinha e me pareceu que o capitão não os havia entendido bem. Mandei soltá-los e os satisfiz dizendo-lhes acreditar que eram leais vassalos de vossa alteza e que eu queria ir em passos desbaratar aqueles de Culúa. E para demonstrar força, tanto aos meus amigos como aos meus inimigos, parti naquele momento e naquele mesmo dia cheguei à cidade de Churultecal, que está a oito léguas de distância. No dia seguinte, fui dormir na cidade de Guasucingo e, depois de ter acertado com os mensageiros de Guacachula como deveríamos entrar na cidade, parti para ela uma hora antes do amanhecer. Cheguei lá quase às dez da manhã. Meia légua antes da chegada vieram certos mensageiros da cidade e me disseram como estava tudo bem preparado, sendo que os de Culúa não sabiam nada de nossa vinda, pois tiveram o cuidado de prender os espiões que aqueles haviam deixado para detectar qualquer presença de espanhol. Procurei então apressar, pois íamos por um plano e poderíamos ser vistos. Quando estava a tiro de balista da cidade já vieram me trazer cerca de quarenta capitães de Culúa que haviam prendido. Mas por toda a cidade ainda continuavam lutando e caçando os capitães de Culúa, não tendo sobrado quase nenhum vivo para que me informasse quem havia assumido o comando depois da morte de Montezuma. Alguns, no entanto, conseguiram fugir e avisar os trinta mil que estavam em guarnição nas cercanias da cidade, os quais logo vieram para lutar, começando por incendiar a cidade pela parte por onde entravam. Era a gente mais bem vestida que havia por aqui, pois traziam muitas plumagens e jóias de ouro e prata. Saí contra eles apenas com os cavalos, já que os peões estavam muito cansados e os fizemos recuar, encurralados contra uma serra. Logo em seguida vieram em nosso auxílio os índios da cidade que estavam descansados, com o que conseguimos provocar enormes danos no inimigo. Voltamos à cidade e fomos muito bem recebidos, tendo passado três dias ali.

Neste meio tempo, vieram se oferecer ao real serviço de vossa majestade os nativos de uma população situada duas léguas acima da serra onde combatemos nossos inimigos. Disseram que o seu senhor havia se ido com os de Culúa, temendo que não parássemos até invadir seu povoado, que se chama Ocupatuyo. Disseram que há muito que queriam vir se oferecer como vassalos de vossa majestade, mas que aquele senhor não os deixava. Todavia, agora haviam colocado no comando um irmão daquele senhor que concordava com a sua proposição. Como tal, me rogavam que, mesmo que o outro voltasse, não o aceitasse como senhor daquele povoado. Eu lhes disse que, como sempre estavam aliados aos de Culúa, eu pensava eliminar suas pessoas e fazendas, mas, diante desta mudança, em nome de vossa majestade eu lhes perdoava o erro passado e os admitia ao real serviço do soberano de Espanha.

 Depois de ter repousado três dias nesta cidade, fomos para outra chamada Izzucan e distante quatro léguas, porque fui informado que ali havia muita gente de Culúa em guarnição e que o senhor dela era parente de Montezuma. Seguiu tanta gente dos nativos em minha companhia, todos que haviam se tornado súditos de vossa alteza, que quase cobriam os campos e serras por onde nos alcançava a vista. Na verdade, eram mais de cento e vinte mil homens. Quando chegamos, encontramos a cidade despovoada de mulheres e crianças, havendo a defendê-la uns cinco ou seis mil homens de guerra muito bem apetrechados. Porém em pouco tempo os desbaratamos e entramos na cidade. Mandei dois nativos falarem com os senhores principais, porque o senhor principal dela havia se ido com os de Culúa. Prometi-lhes que se se tornassem vassalos de vossa majestade seriam muito bem tratados. Três dias depois, vieram algumas pessoas principais e pediram perdão, dizendo que haviam feito o que o seu senhor lhes determinara, mas que dali em diante passavam a servir a vossa majestade muito lealmente. Pedi-lhes então que fizessem voltar à cidade as mulheres e crianças, para que a vida normal se restabelecesse. E assim foi feito. Em dois dias tudo se normalizou, voltando a se povoar a cidade de Izzucan, e seus habitantes passaram a ser confederados com os de Guacachula. A cidade de Guacachula era cercada por um muro muito forte de cal e canto, sendo que por fora este muro era tão alto como quatro estados [antiga medida correspondendo à altura de um homem], enquanto que por dentro estava quase que ao nível do solo. Por toda sua volta havia grande quantidade de pedras, com o que lutavam. A cidade tinha quatro entradas e havia de cinco a seis mil vizinhos. Já Izzucan tinha de três a quatro mil vizinhos e mais de cem mesquitas e oratórios, todos muito fortes, com suas torres que foram queimadas. Está situada em um plano, à beira de um morro onde há uma fortaleza muito segura, enquanto que do outro lado corre um rio muito profundo. Tem um vale fértil em frutas e algodão.

Fiquei em Izzucan até deixá-la povoada e pacificada, tento recebido ali a visita de senhores de outras cidades e províncias, que vieram se oferecer como vassalos de vossa alteza. Veio o senhor da cidade de Guasucingo, que está a dez léguas, na fronteira das terras do México. Também vieram os senhores de oito povoados da província de Coastoaca,[35] a qual está a quarenta léguas de Izzucan. Disseram que outros quatro também viriam, pois todos queriam se tornar vassalos de vossa alteza, não o fazendo antes por temor dos índios de Culúa. Desta maneira pode vossa alteza estar certa de que, sendo Nosso Senhor servido em sua real ventura, em muito breve tempo se tornará a ganhar tudo o que havíamos perdido, pois todos os dias vêm novas pessoas se oferecer como vassalos de vossa alteza.

Dos que foram presos na cidade de Guacachula consegui saber as novidades sobre a grande cidade de Tenochtitlán e como depois da morte de Montezuma se tornara senhor um seu irmão chamado Cuetravacin, e que este estava fortalecendo a cidade, construindo muitas cercas e covas com lanças pontiagudas para servirem de armadilhas para os cavalos. Também preparavam lanças para atirar contra os cavalos. Além disto, soube depois que ele havia comunicado a todos os senhores de cidades e províncias que lhes concederia um indulto de um ano em tributos e serviços que deveriam prestar, caso se dispusessem a lutar contra os cristãos até nos matar a todos.

Tenho muita confiança em Nosso Senhor para afirmar que em nada prevalecerão suas intenções. De minha parte, estou me preparando para voltar àquela cidade de Tenochtitlán. Enviei à Ilha Espanhola quatro navios para que logo voltem carregados de cavalos e gente para nosso socorro. Enviei outros quatro à mesma Ilha Espanhola e cidade de Santo Domingo a comprar cavalos, armas e pólvora, porque isto é o mais necessário por estas partes. Ao mesmo tempo, estou construindo doze bergantins para entrar pela lagoa e reconquistar Tenochtitlán. Certifico a vossa majestade que até conseguir este fim não terei descanso, mesmo que tenha que enfrentar o maior perigo e o mais difícil trabalho. Para isto esperamos que Nosso Senhor venha a suprir nossas forças e que chegue o socorro que peço à Ilha Espanhola.

Pelo que tenho visto, existe muita similaridade entre esta terra e a Espanha, tanto em grandeza, fertilidade e frio, além de outras coisas. Por isto me pareceu conveniente dar o nome a esta terra de Nova Espanha do mar oceano. Assim, em nome de vossa majestade coloquei este nome e peço humildemente que o aceite. Também torno a suplicar para que dê crédito ao que relato e escrevo, pois tenho procurado ser o mais fiel possível aos acontecimentos.

Mui alto e mui excelentíssimo príncipe: que Deus Nosso Senhor conserve e aumente por longos anos a vida de vossa sacra majestade e real pessoa, com o acréscimo de muitos e maiores reinos conforme vosso sacro coração deseja.

– *Da Vila Segura da Fronteira desta Nova Espanha, a 30 de outubro de 1520* –

Do mui humilde servo e vassalo de vossa sacra majestade, que beija os mui reais pés e mãos de vossa alteza.

HERNAN CORTEZ

Depois desta carta, no primeiro mês de março que passou, vieram novas notícias da dita Nova Espanha, informando como os espanhóis haviam tomado pela força a grande cidade de Tenochtitlán, numa ação em que morreram mais índios do que judeus em Jerusalém na destruição que fez Vespasiano. Encontraram poucos tesouros, pois os nativos os haviam enterrado ou escondido nas águas. Conseguiram somente duzentos mil pesos. Os espanhóis, contudo, ficaram muito fortalecidos na dita cidade, onde têm presentemente mil e quinhentos peões e quinhentos a cavalo e mais de cem mil nativos da terra trabalhando em seu favor. São coisas grandes e estranhas e é outro mundo sem dúvida, e só de ouvir sobre ele já nos dá cobiça de conhecê-lo, pois estamos aos confins dele. Estas notícias são as mais novas e dignas de fé que temos até o princípio de abril de 1522 anos.

A presente carta de relato foi impressa na mui nobre e mui leal cidade de Sevilha, por Jacobo Crombreger, aos 8 dias de novembro, ano de 1522.

Terceira carta

Enviada por Hernan Cortez, capitão e justiça maior de Yucatán, chamada a Nova Espanha do mar oceano, ao mui alto e potentíssimo César e invictíssimo senhor dom Carlos, imperador sempre augusto e rei de Espanha, nosso senhor.

É o relato das coisas sucedidas e dignas de admiração na conquista e recuperação da grande e maravilhosa cidade de Tenochtitlán e das outras províncias a ela sujeitas que se rebelaram, onde o dito capitão conseguiu grandes e significativas vitórias, dignas de memória perpétua. Também relata como descobriram o mar do sul e muitas outras grandes províncias, ricas em minas de ouro, pérolas e pedras, com informações de que também há especiarias.

Mui alto e potentíssimo príncipe, mui católico e invictíssimo imperador, rei e senhor: Com Alonso Mendoza, natural de Medellín, que despachei desta Nova Espanha a 5 de março do ano passado de 1521, fiz o segundo relato a vossa majestade de tudo o sucedido nela, o que eu acabara de fazer a 30 de outubro de 1520 e que se retardou por causa dos tempos contrários, que me fizeram perder três navios, um que traria o relato a vossa alteza e outros dois que enviaria por socorro à Ilha Espanhola. Neste dito relato fiz saber a vossa majestade como depois que os índios de Tenochtitlán nos haviam tirado pela força da cidade nos havíamos retirado para Tepeaca, que era sujeita a eles, e como com os espanhóis e os índios que haviam se tornado nossos amigos lhe havia feito a guerra e reduzido ao serviço de vossa majestade. E como a traição passada e o grande dano e mortes de espanhóis estavam tão recentes em nossos corações, minha determinada vontade era voltar sobre os daquela grande cidade. Para isto começava a fazer treze bergantins, para colocar na lagoa e fazer com eles todo o dano possível se os da cidade perseverassem no seu propósito.

Também fiz saber a vossa majestade como pelo porto da vila de Vera Cruz havia chegado uma caravela de Francisco de Garay, tenente-governador da ilha de Jamaica, com muita necessidade, a qual trazia até trinta homens, os quais informaram que outros dois navios haviam partido para o rio Panuco, onde haviam desbaratado a um capitão do dito Francisco de Garay, e que temiam que se lá aportassem deveriam receber danos dos nativos das cercanias do rio. Eu já havia decidido enviar uma caravela em auxílio quando quis Deus que chegasse ao porto de Vera Cruz um dos ditos navios, no qual vinha um capitão com cento e vinte homens. Mandei dar toda a provisão necessária para os do dito navio, sendo que do outro até agora não se sabe nada. Como já faz tanto tempo, temos sérias dúvidas de seu salvamento, pois todos os que foram ao rio Panuco sofreram sérios danos. Queira Deus que tenha conseguido chegar a um bom porto.

Estando para partir da província de Tepeaca, soube que as províncias de Cecatami e Xalazingo, que são sujeitas ao senhor de Tenochtitlán, estavam rebeladas. Como o caminho de Vera Cruz para cá passa por ali, os nativos rebelados haviam matado alguns espanhóis que se dirigiam ao nosso encontro. Para assegurar aquele caminho e dar a eles algum castigo se não quisessem viver em paz, despachei um capitão com vinte a cavalo e duzentos peões e mais gente nativa dos nossos amigos. Pedi-lhe que tivesse toda tolerância possível, mas se não o atendessem que lhes fizesse a guerra. E que depois de resolvida a situação viesse com toda a gente à cidade de Tascaltecal, onde eu o estaria esperando. E assim ele partiu no entrante mês de dezembro de 1520, seguindo seu caminho para as duas ditas províncias, que estão a vinte léguas daqui.

Terminado isto, mui poderoso senhor, por meados do mês de dezembro parti da Vila Segura da Fronteira, que se situa na província de Tepeaca, deixando ali um capitão com sessenta homens, atendendo a um pedido dos nativos locais. Toda a gente que estava a pé enviei para a cidade de Tascaltecal, que é onde se faziam os bergantins e que dista nove léguas. Eu segui com vinte a cavalo e fui dormir na cidade de Cholula, porque os nativos dali desejavam a minha vinda, por causa das enfermidades da varíola[36], que matara muitos de seus senhores. Depois de ter dado conclusão à sua vontade nesse assunto, disse-lhes que ia entrar em guerra pelas províncias de Tenochtitlán e México e lhes roguei que, como vassalos de vossa majestade e por termos um compromisso de amizade recíproca até a morte, me ajudassem com gente na tarefa que iria enfrentar. Depois de terem me prometido ajuda e de ter permanecido ali três dias, parti para Tascaltecal, que está a seis léguas. Chegando a ela, todos ficaram muito contentes com a minha presença. No outro dia, os senhores desta província vieram me falar como a varíola havia matado a Magiscacin, que era o seu principal senhor. Bem sabiam que por ser grande amigo meu eu sentiria muito o ocorrido. Porém me mostraram um filho dele, de doze ou treze anos, a quem me pediram que fizesse sucessor do pai; o que, em nome de vossa majestade, eu atendi.

Durante os quinze dias em que ali estive, acompanhei o trabalho dos mestres e carpinteiros que ultimavam os bergantins, tendo providenciado que viesse de Vera Cruz todo o ferro e pregos necessários, bem como velas e cordames. Dois dias antes do Natal chegou o capitão com a gente a pé e a cavalo que fora combater nas províncias de Cecatami e Xalazingo, trazendo alguns senhores de lá. Estes me pediram perdão por sua rebeldia e morte de cristãos, prometendo que se tornariam vassalos de vossa alteza. Eu os perdoei e mandei de volta para suas terras, concluindo assim mais uma jornada em que vossa majestade foi servida, tanto pela pacificação dos nativos como pela segurança dos espanhóis que haveriam de passar pelas ditas províncias, indo e vindo de Vera Cruz.

No segundo dia do Natal, fiz uma revista da tropa na cidade de Tascaltecal, reunindo quarenta a cavalo e quinhentos e cinqüenta peões, sendo oitenta deles balisteiros e escopeteiros e oito ou nove de tiro de campo com pouca pólvora. Dos a cavalo fiz quatro quadrilhas de dez cada uma e dos peões fiz nove capitanias de sessenta espanhóis cada uma. E a todos falei, dizendo que já sabiam como eles e eu, para servir a vossa sacra majestade, havíamos chegado a esta terra e como os naturais dela haviam se dado por vassalos de vossa alteza, recebendo muitos bens de nossa parte, o mesmo acontecendo conosco com relação a eles. Todavia, os de Culúa, que são os da grande cidade de Tenochtitlán e de outras províncias a ela sujeitas, não só haviam se rebelado contra vossa alteza como haviam ainda matado muitos espanhóis e muitos nativos amigos nossos, além de nos lançar fora de suas terras. Que vissem o quanto convinha ao serviço de Deus de vossa sacra majestade tornar a cobrar o perdido, pois para isto tínhamos justas razões. De um lado, por lutar em aumento de nossa fé e contra gente bárbara, e de outro, pela segurança de nossas vidas e pela ajuda que tínhamos de nossos amigos nativos. E para a boa ordem das coisas no tocante à guerra, dei certas ordens que roguei que fossem cumpridas, porque isto redundaria a serviço de Deus e de vossa sacra majestade. E todos prometeram cumprir o disposto e lutar até a morte por nossa fé e para cobrar a tão grande traição que nos haviam feito os de Tenochtitlán e seus aliados. Em nome de vossa majestade eu lhes agradeci e encerrei aquele dia de revista à tropa.

No dia seguinte, que foi o de São João Evangelista, fiz chamar a todos os senhores de Tascaltecal e lhes disse que partiria no outro dia para entrar pelas terras de nossos inimigos. E que a terra de Tenochtitlán não poderia ser conquistada sem aqueles bergantins, por isto lhes pedia todo o apoio necessário para os mestres que ficavam trabalhando neles. Eles me prometeram que assim fariam e, quando fosse a hora de enviar os bergantins a Tenochtitlán, mandariam também tanta gente de guerra quanto tivessem. No outro dia, que foi 28 de dezembro, dia dos Inocentes, parti com toda a gente posta em ordem e fui dormir no povoado de Tezmoluca, que fica na província de Guasucingo e está a seis léguas de Tascaltecal.

Sabendo que os das províncias de México e Tenochtitlán se preparavam para resistir a nossa chegada, procurei pensar no melhor caminho para chegar à grande cidade. Como tínhamos conhecimento de três caminhos, decidi entrar por Tezmoluca, por entender que ali encontraria menor resistência, pois era o mais íngreme e cheio de penhascos e eles não poderiam imaginar que fôssemos logo por ali. No dia dos Inocentes, depois de ouvida a missa e de nos encomendarmos a Deus, partimos de Tezmoluca e fomos dormir a quatro léguas de distância, já na divisa das terras de Culúa. Como fazia muito frio, acendemos várias fogueiras para nos aquecer. No outro dia, que era domingo, seguimos caminho e mandei quatro a cavalo e três peões na frente para investigar o caminho. Estes encontraram o caminho cheio de árvores e ramagens cortadas e atravessadas. Eram grossos pinos e ciprestes que pareciam que recém haviam sido cortados. Acreditando que mais adiante não encontrariam mais este obstáculo, seguiram adiante, mas quanto mais caminhavam mais dificuldades encontravam. Mais aumentava também o seu temor, tanto por pensar que por trás das árvores poderiam estar os inimigos como também por perceber a quase impossibilidade de passarmos com nossos cavalos. Mandaram então um dos peões de volta para me avisar do perigo que corríamos de ficar sem os cavalos para lutar. Encomendamo-nos a Deus e seguimos nosso caminho. Fui na frente e logo encontrei os quatro a cavalo. Mandei avisar os da retaguarda que seguissem firme, apesar da dificuldade, pois logo estaríamos no plano. E logo chegaram todos e nos reunimos em um lugar de onde podíamos ver todas as províncias do México e Tenochtitlán, junto às lagoas que as circundam. Ainda que nos tenha dado grande alegria em vê-las, veio-nos a lembrança de tudo que ali havíamos sofrido e fizemos a promessa de sairmos dali com vitória ou deixarmos ali nossas vidas. E com esta determinação seguimos tão alegres como se fôssemos ao encontro de uma coisa de muito prazer. Os inimigos logo sentiram nossa presença e começaram a fazer grandes fogueiras para dar sinal aos seus. Tornei a rogar aos espanhóis para que seguissem com muita ordem e determinação o caminho, apressando o passo para chegarmos ao plano antes que pudessem nos atacar nas pontas e passagens precárias que havia pelo caminho. E assim conseguimos. Antes que pudessem se juntar para nos atacar, estávamos no plano. Vendo que então colocavam à frente certos esquadrões de índios, mandei quinze a cavalo para que rompessem com eles, o que foi feito com facilidade, tendo matado alguns índios e não sofrido qualquer perigo. Seguimos então nosso caminho pela cidade de Tezcuco, que é uma das maiores e mais bonitas que há por estas partes, mas como o pessoal que ia a pé já estava cansado, paramos e dormimos num povoado chamado Coatepeque, a três léguas daquela cidade. Como esta cidade era muito grande, imaginei que poderia haver ali mais de cento e cinqüenta mil homens de guerra para dar sobre nós.

No outro dia, segunda-feira, seguimos nosso caminho com a ordem habitual e discutindo se eles sairiam em guerra ou em paz, dando por mais certa a guerra. A um quarto de légua do povoado saíram ao nosso encontro quatro índios principais com uma bandeira dourada em uma vara, dando a entender que vinham em paz, a qual Deus sabe quanto desejávamos por sermos tão poucos e tão afastados de socorro. Ao ver aqueles quatro índios, um dos quais eu conhecia, fiz com que minha gente se detivesse, e cheguei até eles. Depois de nos termos saudado, disseram que vinham de parte do senhor daquela cidade e província, chamado Guanacacin, o qual me rogava que não lhes fizesse dano, pois os culpados pelos danos passados que eu havia recebido eram os de Tenochtitlán e não eles, que queriam ser vassalos de vossa majestade e nossos amigos. Eu lhes respondi que folgava com o oferecimento de paz e amizade, mas que deveriam se lembrar que a cinco ou seis léguas dali me haviam matado certa vez cinco a cavalo, quarenta peões e mais de trezentos índios de Tascaltecal e que nos haviam tomado muita prata, ouro e outras coisas. Por isto, todos eram dignos de morte por terem matado tantos cristãos, mas como pediam a paz eu a concedia, com a pena de nos devolverem tudo que nos haviam tomado. Eles me responderam que tudo que ali havia sido tomado fora levado ao senhor de Tenochtitlán, mas que eles buscariam tudo o que pudessem e me dariam. Eles me perguntaram se aquele dia iria à cidade ou me hospedaria em um dos dois povoados que ficam nas cercanias da mesma e que se chamam Coatinchan e Cuaxuta[37]. Respondi-lhes que não me deteria até chegar à cidade de Tezcuco e eles disseram que fosse em boa hora, que iriam na frente para preparar nossos aposentos. Chegando a estes dois povoados, vieram alguns senhores principais nos receber e nos dar de comer. À meia-noite, chegamos ao corpo da cidade onde iríamos nos hospedar, sendo-nos destinados aposentos em uma casa grande que havia sido de Nezahutpilli, pai de Guanacacin. Antes de nos estabelecermos, dei ordens para que ninguém saísse do aposento, sob pena de morte. Fiz isto porque acreditava que não víamos a décima parte das pessoas da cidade e nem tampouco víamos mulheres e crianças, o que era sinal de inquietação. Como já era tarde, alguns espanhóis subiram nos terraços para observar a cidade e viram quando todos seus moradores começavam a deixá-la, uns em canoas pela lagoa e outros subindo a serra. Até o senhor principal dela, que eu pretendia ter nas mãos como salvação, se foi com muitos outros principais para a cidade de Tenochtitlán, que ficava, por água, a seis léguas de distância.

A partir daquele dia que entramos na cidade e que era véspera de ano-novo, permanecemos ali três dias, sem haver reencontrado algum índio. No quarto dia, vieram o senhor de Coatinchan e Guaxuta e o de Autengo[38], que são três povoados bem grandes e estão, como já disse, incorporados a esta grande cidade. Disseram-me chorando que os perdoasse porque haviam se ausentado de sua terra, mas que eu levasse em conta o fato de que não haviam lutado contra mim e que queriam, dali em diante, fazer o que eu mandasse em nome de vossa majestade. Eu lhes disse através dos intérpretes que eles já conheciam o bom tratamento que eu lhes dispensava e que se quisessem ser meus amigos me trouxessem de volta suas mulheres e seus filhos e povoassem de novo suas cidades.

Como o senhor do México e Tenochtitlán, quando todos os outros senhores de Culúa (quando eu falo este nome de Culúa deve-se entender todas as terras e províncias destas partes sujeitas a Tenochtitlán) souberam que aqueles senhores haviam se oferecido como vassalos de vossa majestade, mandaram emissários dizer-lhes que haviam feito muito mal, e que, se haviam feito isto por temor, que deveriam saber que eles eram muitos e tinham tanto poder que, muito em breve, haveriam de matar a mim, a todos os espanhóis e a todos os de Tascaltecal. Que, se sua preocupação fosse com suas terras, que fossem para Tenochtitlán que lá lhes dariam outras muito maiores. Os senhores de Coatinchan e Guaxuta amarraram estes mensageiros e os trouxeram a minha presença, dizendo que não queriam ouvir aqueles de Tenochtitlán e México que só queriam a guerra. Eu desamarrei os mensageiros e disse-lhes que não tivessem medo, pois eu só queria enviar-lhes de volta com outra mensagem. Rogava que dissessem a seus senhores que eu não queria guerra com eles, embora tivesse muitas razões para isto, mas apenas atraí-los ao serviço de vossa majestade. Disse que os seus principais que me haviam feito a guerra estavam mortos, mas que o passado era o passado e eu não queria mais motivos para destruir suas terras e cidades, porque isto me doía muito. Com isto soltei os mensageiros, que se foram prometendo trazer a resposta. Este acontecimento fez com que os senhores de Coatinchan e Guaxuta e eu nos tornássemos mais amigos e confederados. Em nome de vossa majestade eu lhes perdoei os erros do passado e ficamos muito contentes.

Depois de permanecer naquela cidade de Tezcuco por sete ou oito dias sem guerra e tendo fortalecido nosso aposento e nossa defesa contra os inimigos e vendo que eles não vinham contra mim, saí da dita cidade com duzentos espanhóis, entre os quais havia dezoito a cavalo, trinta balisteiros e dez escopeteiros, com mais quatro mil índios nossos amigos. Fui pela costa da lagoa até uma cidade chamada Iztapalapa, que está por água a duas léguas da grande cidade de Tenochtitlán. Esta cidade de Iztapalapa tem cerca de dez mil vizinhos e está com a metade ou até duas terças partes dentro d'água. O senhor dela era irmão de Montezuma[39], a quem os índios haviam eleito depois da morte daquele, por ser quem se tornara nosso principal combatente e quem nos lançara para fora da cidade. Duas léguas antes de chegar à cidade, no entanto, já começamos a lutar com os inimigos que nos esperavam pelo caminho. Alguns por terra e outros em canoas pela água. Fomos lutando até chegar à cidade. Dois terços de légua antes da cidade, eles haviam rompido uma barragem que separava a lagoa de água doce da de água salgada. Aberta a dita barragem, começou com muito ímpeto a correr a água da lagoa salgada para a doce, embora estejam distantes uma da outra mais de meia légua. Não percebendo aquela estratégia, segui meu caminho com a cobiça da vitória. Como estavam de sobreaviso, quando chegamos todas as casas estavam abandonadas e toda a gente recolhida às casas da lagoa. Lutaram conosco bravamente, mas quis Nosso Senhor dar tanta força aos seus que entramos pela água até o peito e fomos conquistando a vitória. Matamos mais de seis mil índios entre homens, mulheres e crianças, número que se tornou considerável em vista da ação dos índios nossos amigos, os quais, vendo como íamos conquistando a vitória, iam matando a torto e a direito. Quando chegou a noite, recolhi a minha gente e pus fogo em algumas casas. Enquanto estas queimavam, parece que Deus me inspirou e me trouxe a lembrança da barragem que fora rompida no caminho, fazendo com que eu percebesse o grande perigo que corria. Reuni imediatamente todo o pessoal e o mais depressa procurei sair da cidade, embora já fosse noite escura. Quando cheguei àquela água já deveria ser umas nove horas. Corria tanta água e com tanta força que passamos nadando, tendo se afogado muitos índios nossos amigos e tendo se perdido tudo o que havíamos trazido da cidade. Certifico a vossa majestade que, se tivéssemos esperado três horas mais, ninguém de nós teria escapado, pois ficaríamos tomados pela água e sem passagem nenhuma. Quando amanheceu, vimos como a água havia tomado conta de tudo.

Retornei então para a cidade de Tezcuco, tendo que enfrentar ainda alguns inimigos que saíam das canoas que estavam na lagoa. Chegando a Tezcuco, achei a gente que ali havia deixado muito segura e muito feliz pelo nosso retorno e a nossa vitória. No dia seguinte ao da nossa chegada, faleceu um espanhol que retornara ferido do combate. Foi o primeiro que os índios mataram até agora. No dia seguinte, vieram até esta cidade certos mensageiros de Otumba e outras quatro cidades vizinhas a estas, que distam de quatro a seis léguas de Tezcuco. Rogavam que eu lhes perdoasse a culpa passada, se é que tinham, porque foi ali em Otumba que se juntou todo o poder de Tenochtitlán e México para nos massacrar, tendo eles acreditado que haviam acabado conosco. Percebiam muito bem estes de Otumba que não podiam se eximir de culpa, embora afirmassem que haviam sido mandados. Mas para forçar mais minha benevolência disseram que os de Tenochtitlán haviam mandado mensageiros a dizer-lhes que, caso se unissem a mim, viriam destruí-los e que, mesmo assim, insistiam em se tornar vassalos de vossa majestade. Disse-lhes que sabia bem de sua culpa passada e que para perdoar-lhes queria que me trouxessem aqueles mensageiros a que se referiram, bem como todos os naturais do México e de Tenochtitlán que estivessem em suas terras. Eles fizeram tudo conforme eu determinei e desde então se tornaram leais vassalos, sempre obedientes ao serviço de vossa majestade.

No dia seguinte ao que vim desta cidade de Iztapalapa para Tezcuco, resolvi enviar a Gonzalo de Sandoval, aguazil maior de vossa majestade, por capitão, com vinte a cavalo e duzentos a pé com balisteiros e escopeteiros, para duas ações muito necessárias. Uma, para resgatar certos mensageiros que eu enviei à cidade de Tascaltecal, para saber em que termos andavam os treze bergantins que mandara construir, bem como para prover outras coisas necessárias, tanto para os da vila de Vera Cruz como para os da minha companhia. A outra era para assegurar a ida e vinda dos espanhóis entre aquela vila e esta província de Aculuacan, pois sempre tínhamos que passar por terras inimigas, correndo grande perigo. Determinei também ao aguazil que, depois de colocar os mensageiros a salvo, fosse até a província de Calco, que divisa com esta de Aculuacan, porque tinha notícias de que a gente daquela província queria se tornar vassala de vossa majestade, só não o fazendo devido às ameaças dos de Culúa, que chegaram a colocar uma guarnição nas cercanias. Quando Gonzalo de Sandoval chegou à dita província de Calco, os inimigos saíram contra ele. Todavia, os nossos arremeteram contra eles com os cavalos, matando e queimando muitos deles, até desbaratá-los, fazendo com que os restantes fugissem para as matas. Dizimados os inimigos, os de Calco saíram a recebê-los com muita alegria. Os principais disseram que queriam vir falar comigo e logo partiram ao meu encontro em Tezcuco. Trouxeram junto dois filhos do senhor de Calco e cerca de trezentos pesos de ouro em peças. Disseram-me que o pai dos meninos havia falecido lamentando muito por não conseguir me ver e falar, pois há muito tempo que estava esperando por isto. Mas pedira a seus filhos que logo que pudessem viessem me ver, o que não haviam feito ainda por temor dos de Culúa, mas que agora, com a chegada do capitão que eu mandara, isto se tornara possível. E disseram que nunca em guerra ou fora dela haviam sido contra mim. Que eu deveria lembrar que, quando combatia os de Culúa na fortaleza de Tenochtitlán, foram a suas terras dois espanhóis buscar o milho que eles haviam colhido para nós. Disseram tudo isto e outras coisas mais chorando de emoção. Eu agradeci muito sua vontade e boas obras e prometi que faria sempre o que eles quisessem. Eles também permaneceram sempre como leais e atenciosos vassalos de vossa majestade.

Estes dois filhos do senhor de Calco disseram-me que queriam voltar à sua terra e por isto me rogavam que lhes desse gente que pudesse acompanhá-los a salvo. Determinei Gonzalo de Sandoval a levá-los de volta e, depois de entregá-los a salvo, passar na província de Tascaltecal para buscar alguns espanhóis que ali estavam, bem como a um índio, irmão de Cacamacin, senhor de Tezcuco, o qual ficara sob nossa tutela, sendo convertido ao cristianismo e recebendo o nome de dom Fernando. Como Cacamacin morrera e seu outro irmão Guanacucin se fora para Tenochtitlán, determinei, em nome de vossa majestade, que recebessem a este dom Fernando como seu senhor. Dali em diante se começou a reformar e povoar aquela cidade de Aculuacan, retornando muita gente que havia saído, e todos passaram a dar obediência a dom Fernando.

Dois dias depois, vieram até onde estavam os senhores de Coatinchan e Guaxuta, dando-me como certo que os de Culúa viriam com todo o poder sobre mim e os espanhóis e queriam saber se traziam suas mulheres e filhos para onde eu estava ou se os levavam para a serra, pois tinham grande temor. Eu os animei e disse que não tivessem nenhum medo e que ficassem em suas casas, pois o que eu mais ansiava era encontrar-me no campo com os de Culúa. Pedi que pusessem escutas em suas terras para me avisarem se vissem os de Culúa vindo ao meu encontro. Naquela noite, deixei toda minha gente de prontidão, com muitos sentinelas espalhados, aguardando a chegada do inimigo, que não veio. No outro dia, soube que pela costa da lagoa andavam alguns inimigos preparando emboscada para os índios de Tascaltecal que iam e vinham com coisas a serviço do acampamento real. E soube que se haviam confederado com povos sujeitos a Tezcuco e que estavam fazendo canais e barricadas para sua defesa. Sabendo disto, um outro dia tomei doze a cavalo, duzentos peões e dois tiros pequenos de campo e fui até onde estavam os contrários, que seria légua e meia. Chegando lá, rompemos com o inimigo, matando alguns, queimamos parte do povoado e voltamos para nosso acampamento com muito prazer pela vitória. No outro dia, vieram a mim três principais daqueles povoados, me pediram perdão e disseram que não receberiam mais em suas terras nenhum de Tenochtitlán, rogando-me que lhes poupasse de novos danos. Como era gente sem importância, eu os perdoei logo.

De parte do pessoal que havia deixado em Tascaltecal fazendo os bergantins, fiquei sabendo que ao porto de Vera Cruz havia chegado uma nau com trinta ou quarenta espanhóis, oito cavalos e algumas balistas, escopetas e pólvora. Embora este navio já tivesse chegado há algum tempo e houvesse ansiedade em me comunicar a vinda deste socorro, ninguém se atrevia a fazer o caminho até onde estávamos em vista dos inúmeros perigos que teria que enfrentar. Um criado meu, no entanto, sabendo o quanto me alegraria a notícia, desafiou todos estes perigos e andando pela noite chegou até Tezcuco, para espanto de todos.

Neste mesmo dia, mui católico senhor, chegaram ali a Tezcuco certos homens de bem, mensageiros dos de Calco, para comunicar-me que, como haviam se tornado vassalos de vossa majestade, os de México e Tenochtitlán haviam decidido ir sobre eles para destruir e matar, pelo que rogavam que eu os ajudasse em tão difícil tarefa. Certifico a vossa majestade que uma das coisas que mais me desgostava era não poder ajudar e socorrer os índios nossos amigos que, por serem vassalos de vossa majestade, eram molestados pelos de Culúa. E ainda que quisesse, não podia ajudar estes de Calco, pois todo meu envolvimento estava com os bergantins, mas pedi a eles que se dirigissem aos naturais das províncias de Guasucinga, Churultecal e Guacachula que também eram vassalos de vossa majestade e nossos amigos. Pedi-lhes que rogassem ajuda em meu nome, pois como eram seus vizinhos poderiam facilmente vir em sua ajuda. Estando conversando com estes, chegaram por acaso mensageiros das províncias de Guasucingo e Guacachula para comunicar que seus senhores estavam preocupados por não terem mais notícias minhas desde que partira da província de Tascaltecal. No entanto, haviam permanecido sempre em vigília, tendo colocado observadores nas serras e montes que divisam com as terras de México e Tenochtitlán para que, vendo queimadas, que são o sinal da guerra, viessem me socorrer. Eu lhes agradeci muito e disse-lhes que graças a Nosso Senhor os espanhóis e eu estávamos muito bem, sempre tendo conseguido vitória em nossas guerras, mas que ficaria muito feliz se eles se confederassem com os de Calco, cujos representantes estavam presentes, para que os socorressem contra os de Culúa, pois, afinal, todos eram vassalos de vossa majestade e deveriam ser bons amigos. Eles concordaram e depois de permanecerem ali comigo por dois dias todos se foram muito felizes e amigos.

Ao saber que em três dias os treze bergantins estariam prontos, enviei a buscá-los Gonzalo de Sandoval com quinze a cavalo e duzentos peões. E mandei que no caminho eles destruíssem um grande povoado subjugado à cidade de Tezcuco e limitando com a província de Tascaltecal, porque os nativos dali me haviam matado cinco cavaleiros e seus cavalos e mais quarenta e cinco peões, que vinham de Vera Cruz para Tenochtitlán, quando eu estava cercado naquela grande cidade. Em outra ocasião, quando voltamos a Tezcuco, encontramos naquele povoado, em seus adoratórios e mesquitas, o couro de nossos cavalos, as roupas e as coisas de nossos espanhóis e o sangue destes derramado em homenagem aos ídolos daquele povo. Quando o aguazil maior chegou ao povoado, os índios se puseram em fuga, pois conheciam muito bem sua mão de ferro. Ele perseguiu e matou muitos, só não fazendo um número maior por compaixão. Prendeu muitas mulheres e crianças que transformou em escravos. Hoje o povoado está novamente habitado e tranqüilo. Dali o aguazil foi adiante umas cinco ou seis léguas, a um povoado de Tascaltecal, que é o mais próximo aos limites de Culúa, onde encontrou os espanhóis que traziam os bergantins.

No dia seguinte, eles partiram dali com os barcos sendo carregados por oito mil homens, o que era coisa linda de se ver e difícil de entender para quem ouvia a respeito, pois deviam percorrer um percurso de dezoito léguas por terra. E para que vossa majestade tenha uma idéia, só da vanguarda até a retaguarda de nosso agrupamento havia duas léguas. Para proteger este batalhão iam na frente oito a cavalo e cem espanhóis e nos lados mais de dez mil homens de guerra de Yutecal e Teutipil, que são os senhores principais de Tascaltecal. Na retaguarda vinham outros cento e tantos espanhóis, com oito a cavalo e outros dez mil homens de guerra de Chichimecatecle, que é também dos principais senhores daquela província. No quarto dia da caminhada, eles chegaram até a cidade onde eu os esperava, fazendo muita cantoria com acompanhamento de atabales. Eu saí para os receber e, como acima disse a vossa majestade, era tanta gente que, entre a chegada dos primeiros e a chegada dos últimos, passaram-se seis horas. Depois de agradecer àqueles senhores a boa obra que me faziam, dei-lhes aposentos, provendo do melhor que pude. Eles me disseram que traziam o desejo de se ver com os de Culúa, que lutariam até a morte ao nosso lado, pois queriam se vingar dos danos que aqueles lhes haviam feito. Eu agradeci muito e disse que repousassem, pois logo estariam diante da ocasião de se vingar.

Depois que toda esta gente de guerra havia repousado em Tezcuco três ou quatro dias, tomei vinte e cinco a cavalo e trezentos peões, com mais cinquenta balisteiros e escopeteiros e seis tiros pequenos de campo, e, sem dizer a ninguém aonde íamos, saí da cidade às nove da manhã. A quatro léguas da cidade encontramos um esquadrão dos inimigos e rompemos com os cavalos sobre eles, desbaratando-os. Os de Tascaltecal, como eram muito ligeiros, seguiram e mataram muitos contrários. Aquela noite dormimos ali no campo, mas com muito cuidado. No outro dia pela manhã, seguimos nosso caminho, sobre o qual eu não havia avisado nada porque temia que alguns de Tezcuco que iam conosco e que não eram de absoluta confiança pudessem avisar os de Tenochtitlán e México. Chegamos a um povoado chamado Xaltoca, que está assentado no meio de uma lagoa, o que o faz muito forte pois os cavalos não podiam chegar lá. Os seus habitantes gritavam muito e nos atiravam muitas flechas. Mesmo com muita dificuldade nossos homens conseguiram chegar lá, tirando-os para fora e queimando grande parte do povoado. Naquela noite, fomos dormir a uma légua dali. Amanhecendo, retomamos nosso caminho e o encontramos cheio de inimigos, que de longe já começavam a emitir o seu grito de guerra, que é coisa espantosa de ouvir. Começamos a segui-los e assim acabamos chegando a uma grande e bela cidade, chamada Guaticlán, que encontramos despovoada e onde nos hospedamos naquela noite.

No dia seguinte, seguimos adiante e chegamos a outra cidade, chamada Tenaica[40], onde não encontramos resistência alguma. E sem nos determos passamos a outra cidade, Acapuzalco, que, como as demais que são vizinhas, está situada à margem de uma lagoa. Tampouco nos detivemos ali, porque eu ansiava por chegar a uma outra cidade, chamada Tacuba, que está muito próxima de Tenochtitlán. E como já estávamos muito perto, seguimos para lá. Ao chegar encontramos grande número de inimigos que logo foram sendo desbaratados. Entramos na cidade e nos aposentamos em uma casa tão grande que pôde abrigar a todos nós com muito conforto. Enquanto isto, os índios nossos amigos começaram a queimar e saquear a cidade, fazendo isto como vingança, pois da outra vez em que saímos desbaratados de Tenochtitlán chegamos à cidade e os nativos dela nos fizeram guerra muito cruel, matando a muitos índios que nos acompanhavam.[41]

Permanecemos seis dias nessa cidade de Tacuba, onde tivemos algumas pequenas escaramuças com os de Tenochtitlán que vinham até ali. Nos desafiavam a entrar mais uma vez em sua cidade. Um deles chegou perto e me disse: "Pensas que há outro Montezuma para que faças o que quiseres?". Estando nesta prática, cheguei perto deles e pedi para falar com algum de seus senhores. Eles me responderam que toda aquela gente de guerra que estava por volta eram senhores. Fiquei ali só observando as condições para entrar em Tenochtitlán e, depois disto, voltei para Tezcuco a fim de trazer os bergantins para poder atacá-los pela água e pela terra. Enquanto fazíamos nosso caminho de volta, éramos seguidos por nossos inimigos, os quais pensavam que estávamos nos retirando por medo deles. Mandei então que os que estavam a pé passassem para a frente e fiquei com vinte a cavalo na retaguarda. Nos espalhamos e nos escondemos junto a um lugar onde deveriam passar e, quando ali chegaram, caímos em cima deles. Perseguimo-los por duas léguas e como o terreno era plano foi coisa linda de se ver a ação dos cavalos os massacrando. Assim morreram muitos deles, tanto em nossas mãos como nas mãos dos índios nossos amigos, que também saíram ao seu encalço. Assim continuamos nosso caminho e alcançamos nossa gente. Dormimos aquela noite em um povoado chamado Aculman, que está a duas léguas de Tezcuco, para onde seguimos no dia seguinte, chegando ao meio-dia, para grande alegria da gente que ali estava, pois desde nossa saída não tinham mais notícias a nosso respeito. No dia seguinte ao da nossa chegada, os capitães de Tascaltecal me pediram licença e se retiraram com sua gente para suas terras, levando algum despojo dos inimigos.

Dois dias depois, chegaram a mim mensageiros dos senhores de Calco, rogando-me que lhes enviasse socorro, pois os de Tenochtitlán e México estavam prestes a ir sobre eles para os destruir. Enviei em seguida Gonzalo de Sandoval, com vinte a cavalo e trezentos peões, com a recomendação de que trabalhasse com todo o fervor e rapidez em ajuda daqueles vassalos de vossa majestade e nossos amigos. Chegando a Calco, encontrou muita gente reunida com os das províncias de Guajocinco e Guacachula. Juntou-se a essa gente e partiram para o povoado de Guastepeque, onde estava a gente de Culúa em guarnição e de onde provocavam muitos danos aos de Calco. Ao se aproximarem do povoado os inimigos saíram a seu encontro, mas como os de Calco eram muitos, e tinham a vantagem de contar com os espanhóis, os desbarataram facilmente. Tomaram o povoado, ali permanecendo dois dias.

Enquanto isso, o aguazil maior soube que em um povoado mais distante chamado Acapichtla havia muita gente de guerra dos inimigos e resolveu ir até lá. O povoado era situado num lugar alto, o que os deixava fora do alcance dos cavalos. Logo que os espanhóis chegaram, os do povoado começaram a pelejar com eles, lançando pedras e flechas. Sentiu o aguazil maior que só lhe restava tentar subir ao povoado ou morrer. E quis Deus dar-lhes tanta força que apesar da grande resistência conseguiram chegar até lá, embora tivessem muitos feridos. E como os índios nossos amigos os seguiram, foi tanta a matança que provocaram, que um pequeno rio que margeava aquele povoado ficou por mais de uma hora tingido de sangue, impedindo que as pessoas pudessem ali beber água, o que foi terrível pois fazia muito calor. Concluindo sua tarefa, deixando estes dois povoados em paz, embora bem castigados, o aguazil maior retornou para Tezcuco. Creia vossa católica majestade que esta foi uma vitória digna de ser assinalada, onde os espanhóis mostraram singularmente seu esforço. Depois disso, o aguazil maior voltou ainda outras vezes a lutar ao lado dos de Calco contra os de Tenochtitlán e de México, o que deixo de relatar para não ser prolixo.

Com o restabelecimento do caminho entre Tezcuco e a vila de Vera Cruz, ficamos sabendo que haviam chegado ao porto três navios, que traziam muita gente e cavalos, que logo despachariam para cá. Pela necessidade que tínhamos, milagrosamente Deus nos enviou este socorro. Eu buscava sempre, mui poderoso senhor, todas as formas de atrair a amizade da gente de Tenochtitlán. Uma para que não dessem motivos para serem destruídos, e outra, porque sabia que isto resultaria em um grande serviço para vossa majestade. E além disto estávamos muito cansados por todas as guerras passadas. Onde quer que encontrasse alguém daquela cidade fazia-o mensageiro de minha proposta de paz. Na quarta-feira de cinzas, que foi 27 de março do ano 1521, fiz trazer ante a mim aqueles principais de Tenochtitlán que os de Calco haviam prendido, e disse-lhes que fossem até os seus levar a minha mensagem de paz, pedindo-lhes que se tornassem vassalos de vossa majestade conforme eram antes, porque eu não os queria destruir, mas ser seu amigo. Temendo por sua sorte, eles me pediram que lhes desse uma carta, pois, embora não entendendo o que estava escrito, sabiam que isto era um costume nosso e serviria para dar maior credibilidade à mensagem que levavam. Através do intérprete, lhes expliquei o que dizia a carta e mandei cinco a cavalo acompanhá-los até que estivessem a salvo.

No sábado santo os de Calco e outros seus amigos vieram me dizer que os do México vinham sobre eles e, por isto, pediam minha ajuda. Eu prometi socorrê-los tão pronto pudesse. Passados três dias da Páscoa da Ressurreição, vieram novamente desesperados, dizendo que o inimigo já estava às suas portas. Na sexta-feira seguinte, que foi 5 de abril do dito ano de 1521, saí de Tezcuco com trinta a cavalo, trezentos espanhóis e mais de vinte mil homens de Tezcuco. Deixei naquela cidade outros vinte a cavalo e outros trezentos peões sob o comando do capitão Gonzalo de Sandoval. Naquele dia, fomos dormir no povoado de Talmanalco e, no dia seguinte, chegamos a Calco. Chegando ali, disse aos senhores que minha intenção era dar uma volta em torno das lagoas, pois pretendia ver a situação para colocar nelas os treze bergantins, que era o que mais me importava. No dia seguinte, partimos dali e chegamos a um povoado dos de Calco, onde se juntaram a nós mais de quarenta mil homens de guerra. Dormimos ali aquela noite, mas, como os naturais do dito povoado haviam me avisado que os de Culúa estavam me esperando no campo, mandei que ao quarto da alba toda a gente estivesse de pé e em prontidão.

Depois de ouvir a missa, começamos a caminhar e eu tomei a dianteira com vinte a cavalo, deixando outros dez na retaguarda. E assim começamos a passar por meio de serras muito íngremes. Passando duas horas do meio-dia, chegamos a um penhasco muito alto, em cima do qual estavam muitas mulheres e crianças, enquanto que todas as ladeiras estavam cheias de gente de guerra, que começou logo a fazer grande alarido. Em seguida, começaram a nos atirar pedras, flechas e lanças, tendo nos provocado muitos danos. Embora soubesse que não desceriam para nos combater, entendi que não devíamos seguir adiante sem enfrentar estes inimigos, pois isto poderia parecer um ato de covardia diante de nossos aliados. Assim, comecei a dar uma vista em torno do penhasco, que era de quase uma légua, e parecia loucura querer ganhá-lo. Mesmo assim determinei ao alferes Cristóbal Corral que subisse com sessenta homens pela parte mais íngreme, sendo seguido por escopeteiros e balisteiros; aos capitães Juan Rodriguez de Villafuerte e Francisco Verdugo, que fossem com sua gente por outro lado; e aos capitães Pedro Dircio e Andrés de Monjaraz, que seguissem por outro. A subida começaria ao ouvirem um tiro de escopeta. E logo que foi dado o disparo começaram a ganhar a ladeira. Mas como tinham que subir usando os pés e as mãos, isto lhes dificultava a defesa ante o ataque do inimigo. Eram tantas as pedras que faziam rolar lá de cima que provocavam muitos danos nos nossos, tendo matado dois espanhóis e ferido mais de vinte. Os nossos que estavam a cavalo e que haviam perseguido alguns inimigos que estavam no plano, nos informaram que pouco mais adiante havia um outro morro, não tão forte quanto este, com menos gente a guardá-lo e com um elemento de que muito precisávamos: água. Embora com tristeza por não termos alcançado a vitória, partimos dali e fomos dormir naquela noite perto daquele morro, ainda com carência de água, pois todo o dia nem nós nem os cavalos havíamos bebido. Passamos a noite ouvindo os inimigos fazerem muito barulho, com atabales e gritos.

No outro dia, enquanto os cavalos eram levados a uma légua de distância para tomar água, segui com alguns capitães até o pé daquele penhasco para observar por onde poderia tomá-lo. A nossa presença ali embaixo foi o suficiente para perturbar aquela gente. Percebendo este desconcerto e vendo que haviam duas partes não muito altas daquele penhasco que poderiam ser tomadas, decidi agir de imediato. Mandei a um capitão que atacasse uma daquelas elevações, enquanto eu atacaria a outra. Conseguimos tomar os dois pontos e dali passamos a atirar com escopetas e balistas nos que estavam na parte mais alta do morro. E como viram que o dano que recebiam era considerável, fizeram sinal de que se entregavam e depuseram as armas. E como meu desejo é sempre dar a entender a esta gente que não queremos lhes fazer mal por mais culpados que sejam, especialmente quando se dispõem a ser vassalos de vossa majestade, mandei parar o ataque e os recebi bem. E por tê-los recebidos muito bem, fizeram saber isto aos do outro penhasco, os quais, embora tenham resultado vitoriosos no combate conosco, também resolveram se dar por vassalos de vossa majestade e vieram me pedir perdão pelo passado.

Permaneci dois dias junto a esta gente e depois parti para Guastepeque, onde nos hospedamos na casa de um senhor que possui o maior, mais belo e mais fresco jardim que já se viu. Tem duas léguas de circuito, correndo pelo meio uma ribeira de água muito fresca e límpida, e de trechos em trechos, coisa de dois tiros de balistas, há aposentos e jardins muito frescos, infinitas árvores de frutas, múltiplas ervas e flores muito cheirosas. Naquele dia, repousamos ali naquele lugar maravilhoso, onde os nativos fizeram por nós o máximo que podiam. Dali passei a um povoado chamado Yautepeque, onde nos esperava muita gente de guerra, a qual fugiu com a nossa chegada. Perseguimos esses nativos até um outro povoado, Gilutepeque, onde os alcançamos e matamos muitos. Estive dois dias nesse povoado, esperando que o senhor dele viesse se dar por vassalo, mas, como não veio, coloquei fogo nas casas e fomos embora. Às nove horas do dia seguinte, chegamos ao povoado de Coadnabaced, que tinha em seu interior muita gente e que é muito fortificado por ser cercado por morros e barrancos, não permitindo a entrada dos cavalos, a não ser por dois pontos específicos, mas seria preciso dar uma volta de mais de légua e meia. Também se poderia entrar por pontes de madeira, mas eles as mantinham elevadas. Quando nos aproximamos, começaram a atirar pedras e flechas, ficando muito furiosos. Um índio de Tascaltecal, contudo, conseguiu cruzar uma passagem muito perigosa e penetrar na área do inimigo. Quando o viram, acharam que os espanhóis também estavam passando por ali e fugiram em disparada. Assim, outros peões meus seguiram o índio, enquanto fui com os cavalos procurar uma passagem pela serra. De um outro morro, separado de onde estávamos apenas por uma vala, nos jogavam lanças e flechas. Com isto não viram cinco espanhóis que chegaram pela retaguarda e começaram a dar-lhes de espada, deixando-os completamente desbaratados. Ao mesmo tempo, os nossos que iam a pé entravam no povoado e começavam a matar o inimigo e a queimar suas casas, colocando-os em fuga. Esses eram perseguidos pelos nossos a cavalo que conseguiram matar ainda muitos deles. Ao meio-dia, conseguimos nos estabelecer no povoado, ficando em uma casa que possuía uma grande horta. Já bem tarde, o senhor e alguns principais, temendo que fôssemos persegui-los na serra onde haviam se refugiado, vieram se oferecer por vassalos de vossa majestade, prometendo que dali em diante seriam sempre nossos amigos. Eu os recebi como tal.

Na manhã seguinte, seguimos nosso caminho por uma terra de pinheiros e sem nenhuma água. Tivemos que atravessar grandes desfiladeiros e muitos índios que iam conosco morreram de sede. Paramos naquela noite a umas sete léguas de distância do povoado e no dia seguinte seguimos até uma grande cidade, chamada Suchimilco, que está edificada em uma lagoa de água doce. Os nativos dali já estavam preparados para nossa chegada, tendo feito muitas barragens e levantado as pontes que servem de ligação à cidade, a qual está a três ou quatro léguas de

Tenochtitlán. Chegando, coloquei minha gente em ordem, desci do cavalo e segui com alguns peões até uma das barragens que haviam feito para se defender. Começamos a combater com balisteiros e escopeteiros e os colocamos em fuga, ganhando a parte principal da cidade. Retraídos os contrários em suas canoas pelas ruas de água, lutaram até a noite. Enquanto alguns lutavam, outros moviam pás a fazer barulho na água, como a demonstrar que vinham ainda com muito mais gente para guerrear. Queriam com isto ganhar tempo até a chegada de socorro, vindo do México ou de Tenochtitlán. Neste dia, mataram dois espanhóis que saíram a roubar coisas e ficaram enrascados que não lhes pudemos dar ajuda. Durante a tarde, os inimigos procuraram agir para impedir nossa saída da cidade. Trataram de bloquear a passagem por onde havíamos entrado e usaram muita gente para isto. Como ela estava mais perto deles que os demais capitães, arremeti contra eles com os cavalos e assim saímos da cidade atrás deles, matando muitos, embora estivéssemos em grande desvantagem, pois eram muito valentes e diversos deles esperavam os cavalos com espadas e escudos. A batalha foi tão intensa que o cavalo em que eu ia se deixou cair de cansaço. Como os inimigos vieram sobre mim, fui socorrido por um índio de Tascaltecal e um outro criado meu, que me ajudava a levantar o cavalo. Com isto chegaram outros espanhóis, colocando o inimigo em fuga. Como estávamos muito cansados, retornamos para a cidade. Já era quase noite e hora de repousar, mas mandei que baixassem todas as pontes de madeira e religassem as de pedra que eles haviam cegado, para que os nossos cavalos pudessem entrar e sair da cidade a qualquer momento sem qualquer problema. E com muito cuidado passamos aquela noite.

No outro dia, sabendo que já estávamos em Suchimilco, os nativos de Tenochtitlán e México decidiram vir sobre nós com grande poder por terra e água. Subi em uma torre de seus ídolos para observá-los e decidi sair ao seu encontro. Por água vinham com uma frota de mais de duas mil canoas e doze mil homens de guerra, enquanto que pela terra vinham com tanta gente que cobriram todo o campo. Os capitães deles, que vinham na frente, brandiam as espadas que haviam tirado de nós em Tenochtitlán, quando de nossa derrota anterior. Vinham todos gritando: "México, México; Tenochtitlán, Tenochtitlán", além de muitas injúrias e ameaças para nós. Determinei a todos os nossos por onde deveríamos atacar e saí com vinte a cavalo e quinhentos índios de Tascaltecal. Como nos dividimos, cada esquadrão atacou o inimigo por um flanco, e conseguimos desbaratá-los, matar muitos deles e nos reunimos ao pé de um morro muito íngreme. Mandei que uma guarnição o escalasse pela parte mais difícil, enquanto fui pelo outro lado com os cavalos. Quando o inimigo viu a subida dos nossos, tentou fugir pelo outro lado e deu de cara conosco. Em pouco tempo matamos mais de quinhentos deles, enquanto os outros fugiram para a serra. Pelas dez horas voltamos para Suchimilco, onde encontramos os espanhóis ansiando por nossa volta, pois tiveram que enfrentar muitos inimigos em nossa ausência. Quando chegávamos na cidade vieram nos receber e me entregar duas espadas nossas que haviam retomado aos de Tenochtitlán. Neste meio tempo, surgiu sobre nós, de repente, uma enorme quantidade de inimigos fazendo grande alarido. Apesar da surpresa, conseguimos derrotá-los e entramos na cidade para descansar. Mandei queimar todas as casas, com exceção daquelas onde ficaríamos. Permanecemos ali três dias e durante todos eles tivemos combate. Depois de destruirmos o restante da cidade, fomos embora.

Quando partimos, os nativos de Suchimilco entenderam que o fazíamos por medo deles e vieram ao nosso encalço, nos atacando pela retaguarda. Mas bastou dez a cavalo saírem sobre eles para fazê-los recuar e nos deixar seguir o caminho. Às dez horas, chegamos à cidade de Cuyoacán, que está a duas léguas de Suchimilco e a duas léguas de Tenochtitlán, bem como de uma série de outras cidades que também estão sobre o lago. Nos estabelecemos em Cuyoacán e fui a Tenochtitlán observar as posições da cidade para a entrada dos bergantins. Vimos ali um número infinito de canoas e de gente de guerra e fomos forçados a entrar em combate com eles, o qual foi muito difícil, pois, embora tenhamos vencido, tivemos dez homens feridos, enquanto que os balisteiros e escopeteiros ficaram sem pólvora e sem flechas. Dali conseguimos ver como era uma das calçadas que iam direto pela água até chegar a Tenochtitlán, o que dava bem uma légua e meia. Também observamos a outra que ia dar em Iztapalapa, todas elas completamente cheias de gente. Como meu objetivo era só fazer observação naquele momento, nos retiramos. Mas tendo ainda que enfrentar o inimigo, o que se deu no plano, sendo, portanto, bem fácil para a ação dos nossos cavalos, isso não nos causou maiores problemas, a não ser o seqüestro de dois criados meus. O que me deixou preocupado porque, além de cristãos, eram muito valentes soldados e só Deus sabe o tipo de morte que eles dão aos seus inimigos. Saídos desta cidade, começamos a seguir nosso caminho até encontrar nossa gente, quando fiquei sabendo com detalhes como haviam levado os dois mancebos. Para vingar suas mortes e porque nos seguiam com o maior orgulho do mundo, me coloquei em cilada com vinte a cavalo atrás de umas casas. Como os índios não faziam outra coisa do que seguir nossa gente, deixei-os passar e depois de invocar o nome do apóstolo São Tiago caímos em cima deles e, antes que pudessem se estruturar, matamos mais de cem principais e os mais lúcidos deles, com o que deixaram de nos seguir.

Neste dia, fomos dormir duas léguas adiante, na cidade de Coatinchan, bem cansados e molhados, porque havia chovido muito aquela tarde. No outro dia, retomamos a caminhada e fomos dormir em Gilopeteque, povoado que, como outro anterior, achamos desabitado. Ao meio-dia do dia seguinte, chegamos a Aculman, lugar pertencente a Tezcuco, onde fomos recebidos pelos espanhóis que ali estavam, os quais exultaram com a minha chegada como sendo sua salvação, pois temiam que a qualquer momento os de Tenochtitlán e de México viessem sobre eles. E assim, com a ajuda de Deus, se continuou esta jornada, que foi muito grande coisa em serviços para vossa majestade, como adiante será dito.

Ao tempo, mui poderoso e invictíssimo senhor, em que estive pela primeira vez na cidade de Tenochtitlán e conforme disse no primeiro relato que fiz a vossa majestade, criei em vosso nome duas ou três províncias dotadas de granjas, para que ali se fizessem lavouras e outras coisas de acordo com as condições da região. Para uma delas, chamada Chinanta, enviei dois espanhóis. Passou mais de um ano sem que tivéssemos notícias uns dos outros. Foi somente depois deste tempo que dois índios de Chinanta conseguiram chegar até o povoado de Tepeaca com uma carta de um daqueles espanhóis, relatando que todas as províncias em volta haviam se rebelado, mas os de Chinanta haviam permanecido fiéis a vossa majestade. Soube também que aqueles espanhóis haviam assumido o comando de guerra dos de Chinanta, saindo a lutar com eles contra os inimigos vizinhos. Logo que esta carta chegou a Tepeaca, o capitão que eu ali havia deixado fez com que ela chegasse até onde eu estava. A notícia nos deixou muito contentes, tanto por saber que os espanhóis ainda viviam como pelo fato dos de Chinanta não terem se aliado aos de Culúa. Mandei logo uma carta para lá, dizendo que muito em breve, com a graça de Deus, se veriam livres.

Depois de ter dado a volta pelas lagoas e de ter tomado todas as precauções para o cerco a Tenochtitlán por terra e água, voltei para Tezcuco para me suprir do melhor que podia em gente e armas, exigindo que acabassem de montar os bergantins e um canal que faziam para levá-los até a lagoa, o que dava meia légua mais ou menos. Nesta obra, trabalharam durante mais de cinqüenta dias oito mil homens das províncias de Aculuacan e Tezcuco, sendo obra digna de se ver. Concluídos os bergantins e colocados no canal, a 28 de abril do dito ano fiz uma revista à tropa, tendo achado oitenta e seis a cavalo, cento e dezoito balisteiros e escopeteiros, setecentos e tantos peões de espada e escudo, três tiros grossos de ferro, quinze tiros pequenos de bronze e dez quintais de pólvora. Terminada a revista, conclamei a todos que cumprissem as ordens, se alegrassem muito e se esforçassem bastante, pois Deus Nosso Senhor estava ao nosso lado para a vitória, pois bastava ver que quando chegamos a Tezcuco não trazíamos mais do que quarenta cavalos e que Deus nos havia socorrido, mandando mais gente, armas e cavalos. Pedi que lutássemos em defesa de nossa fé para submeter ao serviço de vossa majestade aquelas terras e províncias que se haviam rebelado. Todos responderam demonstrando ter muita vontade e desejo de concluir esta guerra, da qual dependia a paz e o sossego desta parte.

No dia seguinte, mandei mensageiros às províncias de Tascaltecal, Guasucingo e Churultecal, comunicando que os bergantins estavam prontos e eu e toda minha gente de prontidão para cercar a grande cidade de Tenochtitlán. E que rogava que eles viessem com o maior número possível de guerreiros e armas a nos encontrar, para que partíssemos contra o inimigo. Isto deveria ser feito impreterivelmente dentro de dez dias. Cinco ou seis dias antes da Páscoa do Espírito Santo, dentro do prazo estabelecido, eles chegaram com cerca de cinqüenta mil homens, muito alegres e dispostos para a guerra. No segundo dia de Páscoa, reuni toda a gente na praça de Tezcuco para ordenar aos capitães como posicionar suas guarnições para tomar três cidades que estão em torno de Tenochtitlán. A uma guarnição fiz capitão a Pedro de Alvarado e dei-lhe trinta a cavalo, dezoito balisteiros e escopeteiros, cento e cinqüenta peões de espada e escudo e mais de vinte e cinco mil homens de guerra de Tascaltecal. Estes deveriam se estabelecer na cidade de Tacuba. A outra guarnição fiz capitão a Cristóbal de Olid, dando-lhe mais ou menos os mesmos recursos e a responsabilidade de se estabelecer em Cuyoacán, enquanto que Gonzalo de Sandoval ficou com a terceira guarnição, que tinha como complemento, além dos vinte e quatro a cavalo, quatro escopeteiros, treze balisteiros e cento e cinqüenta peões, toda a gente de Guasucingo, Churultecal e Calco, que totaliza trinta mil pessoas. Estas deveriam ir pela cidade de Iztapalapa, destruí-la, passar adiante por uma calçada até a lagoa, contando com o apoio dos bergantins, e irem juntar-se com a guarnição de Cuyoacán, para que, depois que eu entrasse pela lagoa, o aguazil maior se assentasse onde lhe parecesse conveniente. Para os treze bergantins baixei trezentos homens de mar, sendo que em cada barco deveriam ir vinte e cinco homens, sendo seis balisteiros ou escopeteiros.

Dada a ordem, os capitães que deveriam ficar nas cidades de Tacuba e Cuyoacán seguiram na frente. Depois de dormirem em vários povoados pelo caminho, chegaram à entrada de Tenochtitlán, onde já se defrontaram com o inimigo. Um capitão foi até a nascente de uma fonte e destruiu as canalizações de madeira, cal e canto, que conduziam água para a cidade, o que já foi uma grande conquista. Neste mesmo dia, os capitães mandaram aplainar algumas passagens ruins, arrumar algumas pontes e fechar alguns canais, para que os que viessem a cavalo pudessem correr livremente de uma parte a outra. Esta tarefa durou uns três ou quatro dias, nos quais houve muitos encontros com os da cidade, tendo sido feridos alguns espanhóis e mortos muitos inimigos. Feito isto, os capitães se estabeleceram com sua gente nas cidades de Tacuba e Cuyoacán, que estavam despovoadas, ficando hospedados nas casas dos senhores das cidades. Aproveitaram para levar para os acampamentos muito milho das plantações que havia por perto.

A outra etapa do que fora planejado foi cumprida pelo aguazil maior, Gonzalo de Sandoval, que tomou a cidade de Iztapalapa, fazendo com que a população se recolhesse à água com suas canoas. Ao mesmo tempo em que o aguazil maior combatia em Iztapalapa me meti nos bergantins, com a força de velas e remos. No caminho, chegamos à vista de um morro muito alto, situado próximo da cidade, e que estava cheio de gente dos povoados que rodeavam a lagoa, bem como de Tenochtitlán. De cima do morro davam muitos gritos e faziam fogueiras para avisar os da cidade sobre a nossa chegada. Embora meu objetivo fosse chegar até a cidade, resolvi ir combatê-los. Levei cento e cinqüenta homens e, embora com muita dificuldade, subimos o morro e os matamos a todos, exceto mulheres e crianças. Neste combate me feriram vinte e cinco espanhóis, mas foi uma bela vitória.

Como os de Iztapalapa haviam dado o aviso, os de Tenochtitlán logo se lançaram à água à espera da chegada de nossos bergantins. Juntaram uma frota tão grande que tinha seguramente mais de quinhentas canoas. Como os bergantins eram a chave de toda a guerra que iríamos travar, necessitava conquistar uma vitória contundente de início. E quis Nosso Senhor nos dar a maior e melhor vitória que poderíamos obter, fazendo soprar um vento forte e favorável que ajudou o movimento dos bergantins, que se meteram por entre as canoas, com o que quebramos e viramos muitas delas, matando a tiros e afogamento os inimigos e fazendo com que os demais se refugiassem na cidade. Era das coisas mais raras do mundo para se ver. A ação dos treze bergantins provocou enorme contentamento nas guarnições que estavam em Tacuba e Cuyoacán, pois estas ansiavam pela minha chegada, pois estavam cercadas pelos inimigos.

Vendo que os bergantins seguiam os inimigos até a cidade, a guarnição de Cuyoacán tomou o caminho pelas calçadas e foi se defrontando com os de Tenochtitlán e lhes tomando a passagem. Nisso, mandei encostar os bergantins e desci pela calçada com trinta homens para ganhar algumas torres dos seus ídolos. Coloquei em terra três tiros grossos de ferro. Como restava daquele ponto da calçada até a cidade apenas meia légua, estava tudo repleto de gente. Mandei então disparar os tiros, fazendo muito dano no inimigo. Resolvi me estabelecer ali naquele ponto, tendo mandado uma embarcação a Cuyoacán buscar mais pólvora. À meia-noite veio contra nós uma multidão pelas calçadas e por água, mas como estávamos atentos os combatemos, embora surpresos, pois eles nunca haviam lutado durante a noite. Com o poder de fogo dos bergantins conseguimos desbaratá-los e evitar que chegassem perto de nós.

Durante os seis dias seguintes, continuamos lutando contra aquela multidão que vinha ao nosso encontro. Como os bergantins estavam de um lado da calçada e o outro estava repleto de canoas, fizemos uma brecha na calçada para servir de passagem, próximo ao nosso acampamento. Com isto, quatro bergantins foram lutar do outro lado, chegando até a orla da cidade. Neste mesmo período, o aguazil maior saiu de Iztapalapa para ir se estabelecer em Cuyoacán, tendo sido ferido no pé, por uma flecha, durante a luta travada ao longo de seu deslocamento. Como Pedro de Alvarado me falou sobre uma passagem que os de Tenochtitlán usavam para sair a terra firme, mandei que o aguazil maior se estabelecesse em um povoado que ficava perto daquela saída, para que eu tivesse a cidade cercada por todos os lados.

Eu tinha, mui poderoso senhor, no acampamento real da calçada, duzentos peões espanhóis, sendo vinte e cinco escopeteiros ou balisteiros, sem contar os duzentos dos bergantins. Com isto me determinei a entrar na cidade o mais que pudesse, contando com o apoio dos barcos. Deixei dez a cavalo na retaguarda para evitar a vinda dos nativos das cidades de Suchimilco, Culuacán, Iztapalapa, Chilobusco, Mexicalcingo, Guitaguaca e Mizquique que ficam na água. Mandei também que Gonzalo de Sandoval e Pedro de Alvarado atacassem a cidade ao mesmo tempo, porque com isto eu teria que me defrontar com menor número de inimigos e poderia penetrar mais profundamente na cidade. Assim, fui avançando com a ajuda dos bergantins e de oitenta mil homens de guerra de Tascaltecal, Guasucingo, Calco e Tezcuco. Para bloquear nossa passagem, o inimigo bloqueara pontes, erguera trincheiras e se estabelecera nos terraços das casas. Fomos avançando, tomando as pontes, sendo que para isto os espanhóis tiveram muitas vezes que ir pela água, enquanto que com os tiros de balistas e escopeta íamos fazendo o inimigo recuar para a calçada e ir abandonando suas posições. Conseguimos chegar até uma ponte que está junto à praça dos aposentos principais da cidade. Não haviam bloqueado aquela ponte nem feito trincheiras, porque não pensavam que fôssemos lhes ganhar alguma coisa aquele dia. Tampouco nós pensávamos que conseguiríamos avançar a metade do que avançamos.

Na entrada da praça colocamos um tiro que ia provocando muito dano no inimigo e dando ânimo para que os nossos avançassem com determinação para tomar a praça, o que foi feito, embora com grande dificuldade. Como os da cidade viram a grande determinação dos nossos e o grande número de índios que nos auxiliavam, recuaram para o lugar onde tinham seus ídolos que, como já relatei anteriormente, era um grande circuito como uma vila de quatrocentos vizinhos. E este foi logo tomado também pelos espanhóis. Mas como os da cidade viram que a nossa gente não levava cavalos, voltaram-se contra os espanhóis e os fizeram recuar para a praça, sob grande desvantagem e perigo. Agiam de tal maneira que fizeram recuar até o canhão que havíamos colocado na entrada da praça. Teríamos sofrido ali uma grande derrota se não fosse a providência de Deus Nosso Senhor, fazendo com que chegassem naquele momento três a cavalo, que logo atacaram o inimigo, fazendo com que este recuasse acreditando que fosse muito maior o número dos que estavam a cavalo. Os espanhóis voltaram a tomar a praça e o circuito, sendo que uns doze índios principais ficaram resistindo na torre mais importante do circuito e que tinha uma escada de cento e tantos degraus. Todavia, uns cinco ou seis espanhóis conseguiram subir e desalojá-los, matando-os todos. Depois disto, colocamos fogo nas casas para que não pudessem mais nos atacar desde os terraços e nos retiramos para o acampamento real. Neste mesmo dia, Gonzalo de Sandoval e Pedro de Alvarado também lutaram muito intensamente com os inimigos a uma distância de légua e meia de onde estávamos, sem receber nenhum dano.

Neste meio tempo, dom Fernando, senhor da cidade de Tezcuco e província de Aculuacán, de quem já fiz relato a vossa majestade, procurava atrair todos os nativos sob seu domínio à nossa amizade, especialmente os principais, porque ainda não estavam tão conformados com esta nossa amizade como depois estiveram. Como dom Fernando era muito jovem, tendo apenas vinte e três ou vinte e quatro anos, e conhecia a graça que em nome de vossa majestade lhe concedi em dar-lhe tão grande poder, fazia de tudo para ajudar os espanhóis. E conseguiu convencer seis ou sete de seus irmãos nativos a formarem batalhões para virem nos ajudar. Mandou por capitão a seu irmão Istrisuchil, que chegou ao acampamento real da calçada com trinta mil homens muito bem armados, enquanto que para os outros dois acampamentos iriam outros vinte mil. Bem pode dimensionar vossa cesárea majestade a alegria que nós sentíamos em receber esta ajuda e, ao mesmo tempo, o abalo que causava aos de Tenochtitlán o fato de vir contra eles um povo que eles consideravam seu amigo e irmão. Com a chegada desta gente, os nativos da cidade de Suchimilco, que está na água, e de Utumíes[42], que é gente serrana, vieram se oferecer por vassalos de vossa majestade, pedindo que lhes perdoasse a demora. Alegrei-me muito com a sua vinda, principalmente pelo fato de que estes eram os únicos que poderiam molestar os nossos que estavam em Cuyoacán.

Com esta valiosa ajuda, resolvi ficar com sete bergantins junto ao acampamento real da calçada, mandando três para onde estava Gonzalo de Sandoval e três para Pedro de Alvarado. Feito isto, resolvi reunir toda a gente e dizer-lhes como pretendia, dentro de dois dias, entrar na cidade. Assim, na manhã combinada, depois de ouvir a missa, iniciamos nossa ação. Saí pela calçada com vinte a cavalo, trezentos espanhóis e uma infinidade de nativos nossos amigos, enquanto que os bergantins iam pela beira da calçada, passando bem próximo dos inimigos e fazendo neles grandes danos, pois ficavam ao alcance dos tiros de balista e escopeta. Apesar deles terem chegado novamente às pontes que levam à praça central, conseguimos retomá-las e chegar até os aposentos grandes da cidade, que eram casas enormes que poderiam muito bem receber a um príncipe com mais de seiscentas pessoas. Minha determinação era fazer com que aquela gente se entregasse, mas eu percebia que preferiam lutar até morrer. Para atemorizá-los mandei pôr fogo nas suas casas e templos, embora isto me causasse grande pesar, pois em algumas destas casas Montezuma cultivava todas as espécies de aves. Feito isto, porque já era tarde, mandei minha gente se recolher para o acampamento real. Enquanto nos retirávamos eles nos atacavam pela retaguarda, fazendo com que os nossos a cavalo saíssem ao seu encalço, matando muitos dos deles. Neste dia, os inimigos demonstraram muito desgosto, especialmente por estarem lutando contra eles gente de Tezcuco, Calco, Suchimilco, os otumíes, além dos de Tascaltecal. Ao lutar, estes gritavam o nome de suas cidades e diziam para os inimigos que os haveriam de jantar naquela noite ou almoçar no outro dia e, efetivamente, o faziam.

Às oito horas do dia seguinte, já estávamos combatendo de novo, pois nossa intenção era não lhes dar tempo de fazer trincheiras ou destruir as pontes. Todavia, parecia que cada vez eles tinham mais gente, pois todos os caminhos estavam repletos de guerreiros. O combate durou até uma hora depois do meio-dia e gastamos quase toda a munição que os balisteiros e escopeteiros levavam. E creia vossa majestade que era sem comparação o perigo que corríamos cada vez que tomávamos estas pontes, porque para isto os espanhóis tinham que passar a nado, em meio às chuvas de flechas, pedras e lanças. Parecerá a nossa majestade que era desnecessário correr este perigo todas as vezes, pois deveríamos guardar aquilo que já havíamos conquistado. Todavia, isto era impossível de ser feito, porque requeria uma destas duas coisas: que mudássemos o acampamento para a praça ou que mantivéssemos gente guardando as pontes. As duas coisas eram muito perigosas e nos ofereciam grandes riscos, visto que podíamos ficar cercados pelos inimigos e sem maior segurança.

A ação dos nativos de Calco nos possibilitou receber a adesão dos povos de Iztapalapa, Chilobusco, Mexicalcingo, Culuacán, Mizquique e Cuitaguaca que, como já disse antes, são povoados situados na lagoa doce e que nunca quiseram vir em paz. Os seus principais vieram até onde eu estava, dizendo que se entregavam por vassalos de vossa majestade para que os de Calco parassem de lhes fazer dano. Eu disse que lhes perdoava e lhes tomava por amigos e pedi que trouxessem todas suas canoas para nos ajudar na tomada da cidade. Como era tempo de chuva, também lhes pedi que trouxessem material e construíssem no acampamento real cabanas para os nossos. Eles disseram que todas suas canoas e sua gente de guerra estavam prontas para sair em nossa ajuda e logo começaram a construir as casas e fizeram tantas que desde a primeira até a última havia bem três tiros de balista. Veja vossa majestade quão larga era esta calçada que foi possível construir as casas sobre ela e sobrar muito espaço para transitarmos a pé ou a cavalo sem problema nenhum.

Como por mais duas ou três vezes havíamos entrado na cidade e provocado muito dano nos nativos com os tiros de balista e escopeta, esperávamos que eles viessem a qualquer momento a pedir a paz, que era o que mais desejávamos. No entanto, isto não acontecia e eu resolvi atacar por três partes da cidade, contando com a ajuda de toda aquela gente que recém havia passado para o nosso lado. Assim, em uma manhã, consegui reunir em nosso acampamento mais de cem mil homens. Mandei que os quatro bergantins com a metade das canoas, que seriam mil e quinhentas, atacassem por uma parte e que os outros três, com outras tantas canoas, fossem por outro lado e provocassem na cidade todo o dano possível, matando e queimando as casas. Eu entrei pela rua principal e passei adiante sem maior problema, indo até a rua que vai sair em Tacuba, em que havia umas seis ou sete pontes. Eu desejava muito conquistar aquela rua, pois com isto estaria estabelecendo a ligação com a gente do acampamento real de Pedro de Alvarado. Este dia foi de muita vitória, tanto por água como por terra, e voltamos ao acampamento com muita alegria. Todavia, não víamos qualquer sinal de se entregarem, o que nos dava muito pesar na alma, por ver os da cidade tão determinados a morrer.

Por estes dias Pedro de Alvarado havia conquistado muitas pontes e para sustentá-las colocava vigias a pé e a cavalo, enquanto o restante da gente se recolhia ao acampamento real a três quartos de légua dali. Com estas conquistas resolvi ir adiante e tomar o mercado de Tenochtitlán, que é uma praça maior que a de Salamanca, toda cercada de portais. Para isto precisava ganhar apenas duas ou três pontes mais. A sua gente insistia em fazer esta tentativa, pois entendia que, perdendo o seu mercado, os de Tenochtitlán perderiam também o ânimo para continuar a guerra. Por isto Alvarado se apressou em ganhar uma ponte que tinha mais de sessenta passos da calçada desfeitos. Precisava conquistá-la logo para dar passagem aos cavalos. Mas como os índios viram que não havia ali mais do que quarenta ou cinqüenta espanhóis e que os cavalos não podiam ainda passar, resolveram atacá-los de súbito. Os nossos tiveram que se lançar à água e três espanhóis foram capturados e logo sacrificados, o mesmo ocorrendo com alguns de nossos amigos. Por fim, Pedro de Alvarado se retirou para o seu acampamento. O fato me entristeceu muito, pois servia para dar força a nosso inimigo. O pessoal de Pedro de Alvarado insistia com ele em ganhar o mercado da cidade porque eles estavam mais próximos dele do que eu e consideravam uma questão de honra conquistá-lo. Por isto insistiam muito com o seu capitão para realizarem o ataque.

Depois disto, continuamos a fazer nossos constantes ataques à cidade, sempre provocando muito dano e matando muita gente. Há uns vinte dias que vínhamos fazendo este tipo de ação, quando os nossos começaram a insistir comigo, dizendo que era preciso tomar o mercado. Eu me escusava argumentando que só o faria quando tivesse plenas condições. Até o tesoureiro de vossa majestade veio me dizer que todo o acampamento queria que eu tomasse logo o mercado, pois assim os inimigos perderiam o seu ponto de abastecimento e morreriam de fome e de sede, pois só lhes sobraria a água salgada da lagoa. Tanto insistiram que eu resolvi desencadear o ataque até o mercado.

    Juntei algumas pessoas principais de nosso acampamento e combinei com elas a forma de ataque, mandando comunicar em seguida a Gonzalo de Sandoval e a Pedro de Alvarado como deveriam proceder. Eles deveriam ganhar aquele caminho em que Alvarado fora derrotado. E alertei para que não procurassem ganhar qualquer passagem sem primeiro deixá-la completamente plana para o acesso dos cavalos. Dada a ordem de partida no outro dia, depois de ouvirmos a missa, saíram de nosso acampamento sete bergantins com mais de três mil canoas de nossos amigos. Eu segui com vinte e cinco a cavalo, setenta espanhóis do acampamento de Tacuba que eu mandara buscar e mais uma grande quantidade de índios nossos amigos. Chegando à cidade, reparti a gente por três ruas que iam até o mercado, que os índios chamam Tianguizco, que está situado num lugar que eles denominam Tlatelulco. Mandei ao tesoureiro e contador de vossa majestade que entrassem pela rua principal com quinze ou vinte amigos nossos, deixando na retaguarda sete a cavalo. Por outra rua, mandei a dois capitães que entrassem com oitenta homens e mais de dez mil índios amigos, tendo deixado no princípio da rua a dois tiros grossos e oito a cavalo com cem peões. E eu, com oito a cavalo, cem peões, sendo vinte e cinco balisteiros ou escopeteiros, e um infinito número de nossos amigos, segui pela rua mais estreita. Logo fomos ganhando algumas pontes e avançando. Eu desci do cavalo e me detive numa pequena ilha para observar a ação dos nossos. Voltei a mandar dizer a Pedro de Alvarado e Gonzalo de Sandoval para que não dessem passagens enquanto as pontes tomadas não estivessem bem reconstruídas, seguras e planas, para que se tivessem necessidade de recuar não encontrassem água pelas costas. Eles asseguraram que tudo que haviam conquistado estava bem seguro. Mas eu, com receio, resolvi verificar como estavam procedendo. E percebi que uma das pontes por onde haviam passado fora reconstruída apenas com madeira e bambu, de forma muito frágil, pois embebidos pela vitória nossos soldados não cuidaram em solidificá-la e foram adiante. Justo quando cheguei ali vi que muitos espanhóis e índios nossos amigos batiam em retirada, com os inimigos perseguindo-os como cachorros bravos. E quando os espanhóis começaram a cruzar a ponte em desbaratada corrida ela começou a ruir. E os índios, como cães ferozes, caíam na água sobre os espanhóis e os nossos amigos. Além dos que atacavam pela rua, vieram em seguida muitos outros em canoas pela água. Nós tentávamos salvar os homens que caíam na água e com isto eu não percebia o perigo que estava correndo. E eu teria sido levado, se não fosse um capitão com cento e cinqüenta homens que eu trazia sempre comigo e por um mancebo de sua companhia, o qual, depois de Deus, me salvou a vida. E para me salvar deu sua própria vida. Neste meio tempo, os espanhóis fugiam por aquela calçada estreita que os cachorros assim a haviam construído. E tardavam tanto em andar que os inimigos conseguiam chegar por água de um lado e outro e matar quantos queriam. Aquele capitão que estava comigo, que se chama Antônio de Quiñones, me disse: "Vamos daqui e salvemos vossa pessoa, pois sabeis que sem ela nenhum de nós pode escapar". Embora naquele momento eu folgasse mais com a morte do que com a vida, por imposição daquele capitão e de outros que estavam ali começamos a recuar, lutando com nossas espadas e escudos. Nisso chegou um criado meu a cavalo, e consegui fazer um pouquinho de lugar para ele, porém, em seguida, uma lança arremessada desde uma sacada o acertou na garganta, fazendo-o dar uma volta e cair do cavalo. Estando naquele conflito à espera de que nossa gente conseguisse cruzar aquele estreito caminho, chegou um outro moço trazendo um cavalo para mim. Mas era tanto o lodo que quase não se podia cavalgar por ali. Depois de muito trabalho e enorme perigo conseguimos chegar até a rua de Tacuba, que era muito larga, mas que também estava cheia de inimigos, os quais vinham contra nós com ar de grandes vitoriosos. O que não era sem motivo, pois também as forças sob o comando do tesoureiro e contador de vossa majestade batiam em retirada, o mesmo ocorrendo com outros grupos que havíamos espalhado, inclusive os de Pedro de Alvarado e do aguazil maior. Enquanto todos nos retirávamos para nossos acampamentos, eles faziam grande alarido e queimavam incenso para seus ídolos. Neste desbaratamento em que nos envolvemos, os inimigos mataram trinta e cinco ou quarenta espanhóis, mais de mil índios nossos amigos e feriram mais de vinte cristãos, inclusive eu que saí ferido em uma perna. Também perdeu-se o tiro pequeno de campo que havíamos levado e muitas balistas, escopetas e outras armas. Todos os espanhóis que pegaram, vivos ou mortos, levaram para Tatebulco, que é o mercado. Ali os penduraram desnudos, abriram o peito e arrancaram o coração que ofereceram a seus ídolos. Os de Pedro de Alvarado puderam ver bem de perto o sacrifício dos corpos desnudos e brancos dos cristãos, tendo mergulhado em grande tristeza e desânimo e se retraído ao seu acampamento real, apesar de terem lutado muito bem aquele dia e quase conquistado o mercado, só não o conseguindo por vontade de Deus, que quis nos castigar por nossos pecados. Neste dia, voltamos para o acampamento bem mais cedo do que de costume, com muita tristeza pela derrota, que aumentava pela informação de que havíamos também perdido os bergantins, o que felizmente não se confirmou. Eles voltaram depois junto com as canoas dos nossos amigos, e a perda maior que tivemos foi do capitão de um dos navios que foi ferido e morreu oito dias depois. Durante dois dias e duas noites os nativos passaram festejando sua vitória, com muitas buzinas e atabales, tendo aberto todas as ruas e pontes como antes as tinham. Como estávamos muito esgotados e sem armas, tínhamos necessidade de descansar para nos recuperarmos. Apenas para não demonstrarmos fraqueza fazíamos algumas incursões com cavalos e alguns peões, mas não ganhávamos mais que algumas pontes da primeira rua.

Estando há dois dias neste desbaratamento, chegaram até nós nativos de Cuarnaguacar, que se haviam dado por nossos amigos, dizendo que os da província de Cuisco, que é terra muito grande, queriam ir sobre eles, destruí-los e depois virem sobre nós. Nós tínhamos mais necessidade de sermos socorridos do que de darmos socorro, mas como eles insistiam muito e como se haviam dado por vassalos de vossa majestade, não os podia deixar desamparados. Despachei com eles oitenta peões e dez a cavalo sob o comando de Andrés de Tapia e pedi que desse o máximo nessa luta e que voltassem dentro de dez dias. Ao chegar a um pequeno povoado situado entre Malinalco e Coadnoacad, encontrou o inimigo esperando. Lutaram tão bem os nossos que fizeram os inimigos se refugiarem em Malinalco, que fica sobre uma colina muito alta, o que não permitia o acesso dos cavalos. Depois de destruírem tudo que encontraram no plano, os nossos voltaram para o acampamento, tendo feito tudo dentro do prazo de dez dias. Apenas dois dias depois de sua chegada, vieram até nosso acampamento dez índios otumíes, povo que também se havia dado por vassalo de vossa majestade, pedindo a nossa ajuda para combater os de Matalcingo que não cessavam de lhes fazer guerra e que também queriam vir contra nós. Embora o povoado dos otumíes ficasse a vinte e duas léguas de distância e nós estivéssemos muito abatidos, eu não podia deixar de ajudar nossos aliados nem tampouco demonstrar fraqueza. Determinei a Gonzalo de Sandoval que fosse com cem peões e quinze a cavalo, mas apenas um balisteiro. Três léguas antes de Matalcingo, Sandoval começou a enfrentar os inimigos, fazendo-os recuar para o pé de um morro. Em seguida vieram os nossos amigos otumíes, que eram mais de sessenta mil, com o que os inimigos passaram a sofrer grandes danos, se refugiando no alto do morro. No outro dia, apesar do perigo, Sandoval resolveu subir para caçar o inimigo. Mas ao chegar ao alto não encontrou ninguém. De repente, do outro lado do morro surgiu uma multidão de índios, que eram os otumíes que haviam ido pelo outro lado para cercar o inimigo. Como os espanhóis não os reconhecessem, investiram contra eles e chegaram a matar uns três ou quatro antes que os intérpretes conseguissem esclarecer o engano. Com o inimigo em fuga, Sandoval resolveu ir ajudar um outro povoado a que também havia pedido nosso auxílio, tendo dominado os de Malinalco que se deram por vassalos de vossa majestade e prometeram tentar convencer os de Matalcingo a também se tornarem nossos amigos. Com estas vitórias, Sandoval retornou ao acampamento.

Quatro dias depois da chegada de Gonzalo de Sandoval, os senhores das províncias de Matalcingo, Malinalco e de Cuisco vieram até nosso acampamento para pedir perdão pelo passado e se oferecer ao serviço de vossa majestade.

Neste meio tempo, conseguimos recuperar nossas energias e nossos feridos, enquanto que chegava ao porto da Vila Rica de Vera Cruz um navio de Juan Ponce de León, que havia descoberto a terra ou Ilha da Flórida, o qual me deixou pólvora e balistas, de que tínhamos muita necessidade. Como tínhamos todas as terras ao redor a nosso favor e nova determinação de atacar, não consegui entender como estes da cidade permaneciam irredutíveis em seu desejo de lutar até a morte, nos obrigando a ter que destruir aquela cidade que era a coisa mais bela do mundo. Mesmo que lhes fizéssemos ver tudo isso e mais ainda, que ficariam sem milho, sem carne, sem frutas ou qualquer outro alimento, não davam mostras de mudar de opinião. Pelo contrário, mais se dispunham a lutar. De minha parte, vendo que já mantínhamos o cerco à cidade há quarenta e cinco dias, resolvi tomar medidas para apertar mais ainda o inimigo. Decidi então que, à medida que fôssemos ganhando caminho pela rua da cidade, iríamos destruindo tudo que houvesse de ambos os lados, de modo a não irmos adiante sem deixar tudo assolado. Para isto, chamei todos os senhores nossos amigos, mostrei-lhes o que havia planejado e pedi-lhes que trouxessem seus "coas", que são uns paus que usam para lavrar a terra. Eles me responderam que de boa maneira fariam isto, pois parecia ser a única maneira da cidade se entregar, que era o que eles mais desejavam, pois sempre haviam sido explorados pelos de Tenochtitlán.

Passaram-se três ou quatro dias nos preparativos, tanto de nossa parte para o ataque como dos da cidade para a defesa. No dia marcado, como sempre fazíamos, ouvimos a missa e partimos. Logo que tomávamos as primeiras casas grandes da praça, aqueles dali disseram que parássemos de lutar porque os da cidade queriam a paz. E dizendo-me que já haviam ido chamar os seus senhores, me detiveram ali. Mas isto não foi mais que uma cilada para nos retardar, pois logo passaram a nos atacar com suas flechas, lanças e pedras.

Vendo isto, tratamos de ganhar-lhes a trincheira que haviam feito, o que logo conseguimos. Mas ao chegarmos à praça encontramos a mesma cheia de pedras para que os cavalos não pudessem correr. Tratamos então de interromper aquela via de água que saía da praça, de tal modo que os índios nunca mais a abriram. Dali em diante começamos a derrubar pouco a pouco as casas e a bloquear e cegar muito bem o que havíamos conquistado de água. Como naquele dia levamos mais de cento e cinqüenta mil homens de guerra, além dos bergantins e canoas de nossos amigos, fizemo-lhes muitos estragos antes de retornarmos para nossos acampamentos.

Com a mesma determinação voltamos a entrar nos dias seguintes pela cidade, procurando sempre bloquear os caminhos de água e aplainar as passagens que havíamos conquistado. Tratei também de ganhar um templo dos ídolos e me colocar no alto de sua torre, para dali comandar nossos ataques, pois sabia que a minha presença ali em cima se constituía num grande abalo moral para os índios. Mandei também buscar mais quarenta cavalos de Pedro de Alvarado e do aguazil maior para ajudar a retrair o inimigo enquanto os nossos iam queimando as casas e destruindo tudo o que encontravam pela frente. Como sempre que batíamos em retirada ao final do dia os índios vinham atrás de nossos cavalos em grande alarido, resolvi preparar-lhes uma cilada. Deixei uns trinta a cavalo escondidos num determinado ponto da rua que dava ao nosso acampamento. Depois que os nossos passaram por ali no retorno de fim de tarde, os de cavalo caíram sobre os inimigos que vinham logo atrás fazendo seu constante alarido. Foi uma cilada muito bem feita e conseguimos matar uns quinhentos dos índios mais bravos e mais corajosos. Naquela noite, não fizeram a gritaria que faziam todas as noites, nem subiram nos terraços para nos fazer ameaça. Também tiveram que jantar os índios nossos amigos que mataram, pois os recolheram e levaram como peças de comer. Foi tão grande o efeito desta derrota para eles que nunca mais ousaram sair além da praça atrás de nós. Graças a esta vitória que Deus Nosso Senhor nos concedeu neste dia, se tornou mais próximo o momento de se ganhar toda a cidade, porque os nativos sofreram um grande abalo, enquanto que nossos amigos dobravam seu ânimo. A única perda lamentável que tivemos naquele dia foi uma égua, cujo cavaleiro caiu, e que saiu em corrida sem rumo, indo parar no meio dos nossos inimigos, que a flecharam. Mesmo ferida ela veio até nosso acampamento, mas acabou morrendo, o que nos deu grande tristeza, pois os cavalos e éguas eram o grande sustentáculo de nossas vitórias.

Como deixávamos os índios cada vez mais isolados, soubemos por dois deles que à noite eles saíam à cata de alimento, pois estavam morrendo de fome. Iam pescar por entre as casas ou arrancar raízes, ervas e tudo o mais com que pudessem se alimentar. Como já tínhamos muitas vias de água bloqueadas e muitos caminhos aplainados, decidi atacar ao quarto da alba e fazer todo o dano possível. E logo que entramos na cidade encontramos infinita quantidade de gente que saía em busca de alimento. Eram, todavia, os mais miseráveis, na maioria mulheres e adolescentes que andavam desarmados. Fizemos tanto dano neles e em tudo que podíamos que entre mortos e presos passaram de seiscentas pessoas. Os bergantins também provocaram grandes estragos nas canoas que andavam pescando e mataram muita gente. Os capitães principais ficaram tão apavorados que não ousaram sair para nos combater. E assim retornamos para nosso acampamento com farta presa e manjar para nossos amigos.

Ao voltarmos a entrar na cidade, no outro dia, era tamanho o ânimo dos índios nossos amigos pelos estragos que fazíamos que parecia que tínhamos uma multidão cada vez maior a nos acompanhar. Naquele dia, acabamos de ganhar toda a estrada que leva a Tacuba, de tal maneira que os do acampamento de Pedro de Alvarado podiam se comunicar conosco através da cidade. Também da rua principal que leva ao mercado se ganhou muitas pontes e se bloqueou muitas vias d'água, enquanto queimamos as casas do senhor da cidade, que era um rapaz de dezoito anos chamado Guatimucín e que era o segundo senhor depois de Montezuma. Nestas casas os índios tinham grandes fortalezas. Também ganhamos muitas

Gravura de Théodore de Bry, in Brevíssima Relação da Destruição das Índias, *de Frei Bartolomé de Las Casas*

outras passagens, de maneira que das quatro partes da cidade três estavam sob o nosso controle e os índios não faziam outra coisa que se retrair para a parte mais forte que era a das casas que estavam metidas na água.

Continuamos com os ataques por mais dois dias seguidos, visando tomar uma via de água que era muito larga. No terceiro dia, antes de sairmos do acampamento, vimos uma grande fumaça que vinha da direção do mercado e percebemos que não era a fumaça comum que os índios costumavam fazer. Julgamos que só podia ser Pedro de Alvarado que ali já havia chegado, o que de fato se confirmou. Como ele havia visto que por nosso lado íamos apertando o cerco, lutou bravamente por chegar até o mercado, pois sabia que ali eles tinham sua força máxima. Todavia, conseguiu ganhar apenas algumas torres e provocar dano considerável, tendo que se retrair para o acampamento, resultando ainda com três cavalos feridos. Mas no outro dia ele voltou e deu apoio para os nossos que tomavam uma travessia de água, que era a única que faltava a ser conquistada no caminho até o mercado. Foi sem comparação o prazer que tomou conta de todos naquele momento, pois sentíamos que estava mais próximo o fim da guerra. Como logo se aplainou a passagem e Pedro de Alvarado dava proteção por todos os lados, resolvi ir com alguns a cavalo até o mercado. Enquanto passeávamos pela praça, os inimigos nos olhavam desde os terraços, onde se encontravam em grande número. Mas a praça era muito grande, estávamos a cavalo e não ousavam vir nos combater. Subi na torre principal situada junto ao mercado e tanto nela como nas outras encontramos cabeças de cristãos que haviam oferecido em sacrifício a seus ídolos. Eu observei desde aquela torre o que havíamos conquistado da cidade e pude constatar que de oito partes já tínhamos ganho sete. Vendo tanto número de pessoas, percebia que não poderiam sobreviver em tão pequeno espaço, principalmente porque as casas que lhes restavam eram as menores, situadas sobre a água, e além disto tinham o grande problema da fome, o que era evidente pelo fato de todas as árvores em volta estarem com suas raízes e cascas arrancadas. Em vista disto, decidi parar de combatê-los e mais uma vez acenar com a paz, mas a resposta deles era sempre a mesma, dizendo que lutariam enquanto sobrasse um deles e que não levaríamos nada de suas riquezas, pois iriam queimá-las ou jogar na água. Dava-me muita pena ter que matar toda aquela gente, mas não havia outra alternativa.

Passamos três dias sem combatê-los e quando voltamos à cidade encontramos a praça repleta de mulheres e crianças que saíam em busca de comida. Os homens armados estavam refugiados nos terraços. Mandei a nossos amigos que lhes fizessem algum dano para que os guerreiros saíssem ao nosso encontro. Eles mandaram dizer que queriam a paz, mas eu repliquei dizendo que queria ver o seu senhor com quem pudesse tratar a respeito desta paz. Na verdade era só uma artimanha deles para ganhar tempo, pois logo estavam prontos para nos combater. Mandei Pedro de Alvarado entrar com toda sua gente pela parte de um bairro que eles tinham onde havia mais de mil casas, enquanto que eu fui com gente a pé por outro lado. Conseguimos ganhar todo aquele bairro e foi tão grande a mortandade que se fez em nossos inimigos que entre mortos e presos passavam dos doze mil. Os índios nossos amigos usavam para com os adversários tanta crueldade, que não diminuía nem com nossas ameaças de castigo.

Voltamos no outro dia com uma grande multidão a cercar os inimigos, mas determinei que não guerreassem. Vendo-se cercados, eles perguntavam por que nós não terminávamos de matá-los. Por fim, disseram que queriam falar comigo. Alguns espanhóis vieram muito contentes me chamar, pensando que havia chegado o fim. Com muita relutância eu fui até eles, embora soubesse que deveria ser mais uma de suas artimanhas. Chegando lá, disseram que me tinham por filho do Sol. E como o Sol com muita brevidade dava a volta ao mundo entre o dia e a noite, perguntaram por que eu não acabava com eles, pois assim iriam subir ao céu e se encontrar com Ochilobus[43], que os estava esperando. Este é o ídolo pelo qual eles têm mais veneração. Procurei falar-lhes muito tempo, tentando convencer-lhes a estabelecer a paz que oferecíamos de uma maneira como jamais havíamos feito a algum vencido.

Como nada os convencia, resolvi falar com um de seus principais que havíamos prendido e pedi-lhe que fosse até Guatimucín, senhor principal de Tenochtitlán, interceder pela paz. Soube depois que quando ele chegou à presença de Guatimucín e começou a falar em paz este o mandou matar e sacrificar. A resposta que nos deram foi atacarem com grande alarido, atirando flechas, lanças e pedras e dizendo que lutariam até a morte. Chegaram a matar um de nossos cavalos com a espada tirada de um dos soldados, o que lhes custou muito caro, pois logo liquidamos muitos deles.

Nosso domínio sobre a cidade passou a se estabelecer de tal maneira que muitos dos índios nossos amigos nem voltavam mais para o acampamento. Dormiam lá mesmo. Nós procurávamos não combater mais, apenas ficávamos passeando pela praça. Numa dessas ocasiões chamei até nós alguns líderes que eu conhecia e pedi-lhes que fossem comunicar a Guatimucín que eu queria conversar com ele e prometia não lhe fazer mal algum. Mostrei-lhes toda nossa intenção de acabar com a guerra e eles partiram chorando. Voltaram dizendo que Guatimucín não viria naquele dia porque já era muito tarde, mas que no outro dia, ao meio-dia, se encontraria comigo. Mandei então preparar um tablado para a conferência, ao estilo do que eles faziam, preparando também muita comida e bebida para Guatimucín e seus acompanhantes. Mas tomei também a precaução de deixar Pedro de Alvarado bem alerta para qualquer possível traição. No outro dia, vieram seis senhores principais, dizendo que Guatimucín não viria porque tinha muito temor de comparecer à minha presença e também porque estava um pouco doente.

Recebi-lhes muito alegremente, dei-lhes de comer e beber, no que mostraram bem a necessidade que atravessavam. Embora o chefe principal não tivesse vindo, fiquei muito feliz com a vinda daqueles emissários, os quais disseram que seu senhor pedia-me que os perdoasse pelos erros cometidos. Eu falei-lhes que nossa intenção era apenas a de conseguir a paz e eles se foram, voltando duas horas depois com mantas de algodão muito boas, do estilo que usavam, para me dar de presente. Tornei a insistir em falar com Guatimucín, assegurando que nada lhe aconteceria.

No outro dia, vieram de novo aqueles representantes dizendo que Guatimucín concordara em falar comigo, mas o faria na praça principal, devendo os guerreiros ficar a uma légua de distância. Eu concordei e fui até lá no horário marcado. Todavia, esperei quase quatro horas e ele não apareceu. Percebendo a burla, mandei que os nossos amigos entrassem na cidade e passamos a tomar o que faltava. Mandei que Gonzalo de Sandoval entrasse com os bergantins pelo lado das casas em que os índios ainda permaneciam fortes, de maneira que os tivéssemos cercados. Os inimigos estavam em tão má situação que não possuíam nem mais flechas e lanças para combater e tinham que caminhar por sobre os corpos de seus mortos. Foi tanta a mortandade que causamos que entre mortos e presos somou-se mais de quarenta mil almas. Era tanto o choro de mulheres e crianças que não havia a quem não ferisse o coração. Nossa preocupação passou a ser a de conter nossos aliados para que não cometessem tanta crueldade com os índios inimigos. Aliás, em nenhuma parte do mundo vi tanta maldade como entre os nativos desta região. Os índios nossos amigos fizeram tão grande despojo que não podíamos lhes conter, pois éramos apenas novecentos espanhóis e eles mais de cento e cinqüenta mil. Minha preocupação era também com o fato de que tomando suas riquezas pela força eles haveriam de atirar na água tudo que pudessem e com isto não sobraria nada para vossa majestade. Como já era tarde e não podíamos mais suportar o cheiro dos mortos que havia pelas ruas, que era das coisas mais pestilentas do mundo, nos recolhemos a nosso acampamento. Decidi que no outro dia traria três tiros grossos para atacar os índios que estavam concentrados num mesmo lugar, enquanto que os bergantins iam à parte da lagoa onde estavam todas as canoas, inclusive o senhor principal deles que, por já não ter mais casa, andava metido em uma canoa com alguns principais.

Tudo acertado, voltamos à cidade e eu subi em cima de um terraço e antes de iniciar o combate falei com alguns líderes, pedindo que trouxessem Guatimucín para conversar e acertar a paz, que este não precisava ter nenhum temor. Eles saíram e pouco depois voltaram com um dos principais senhores de todos eles, chamado Ciguacoacin, que era o capitão e governador de todos e por seu conselho se seguiam todas as coisas da guerra. Eu lhe mostrei boa vontade, mas ele me disse que seu senhor não viria ante mim e preferia antes disto morrer. Disse que a ele pesava muito isto, mas que eu fizesse o que bem entendesse. Como eu vi sua determinação, disse-lhe que voltasse e se preparasse que eu queria combatê-los e acabar de matar a todos se fosse necessário. E assim ele se foi para o meio dos seus, que andavam por cima dos mortos, outros nadavam também em meio aos mortos que boiavam na lagoa, e muitos se afogavam na tentativa de fugir pela água. Tudo isto em meio ao insuportável cheiro dos cadáveres. Era tanta a mortandade ali que se podia calcular o número de abatidos em cinqüenta mil.

Quando entramos naquela parte da cidade, não havia outra coisa para colocar os pés que não fosse o corpo de um morto. Mandei cercar todas as ruas, e vendo que os principais não saíam mandei disparar os tiros grossos, com o que logo tomamos aquele lugar, ao tempo em que muita gente se lançava na água, enquanto outros se entregavam. Os bergantins irromperam por entre a frota de canoas e a gente de guerra que nelas estava já não ousava lutar. Quis Deus que o capitão de um bergantim, chamado Garci Holguín, chegasse até uma canoa onde estava Guatimucín, aquele outro senhor principal que viera conversar comigo, o senhor de Tacuba e outros. Holguín prendeu a todos e os trouxe até onde eu me encontrava. Eu os fiz sentar, sem mostrar severidade. Guatimucín aproximou-se e disse que fizera o que era obrigado para defender a si e a seu povo, e que agora eu fizesse com ele o que bem entendesse. Sacou um punhal que trazia e pediu-me que o apunhalasse até matar. Eu o animei e disse que não tivesse temor nenhum.

E assim, preso este senhor, cessou a guerra a qual, graças a Deus Nosso Senhor, terminou na terça-feira, dia de São Hipólito, que foi 13 de agosto de 1521. De modo que desde o dia em que se pôs cerco à cidade, que foi 30 de maio do dito ano, até que se ganhou, passaram-se setenta e cinco dias, nos quais vossa majestade pode perceber os trabalhos, perigos e desventuras que estes seus vassalos padeceram. Mas em cujos trabalhos mostraram tanta dedicação que a obra que concluíram é testemunha disto. Em todos estes setenta e cinco dias não houve um só em que não se desse combate com os da cidade. Nesse dia da prisão de Guatimucín[44] e tomada da cidade, depois de havermos recolhido o despojo que foi possível, nos recolhemos ao acampamento, dando graças a Deus Nosso Senhor pela imensa graça de tão desejada vitória.

Permanecemos no acampamento uns três ou quatro dias descansando, enquanto se fundia o ouro recolhido, o que deu mais de cento e trinta mil castelhanos, do que se entregou o quinto ao tesoureiro de vossa majestade, enquanto que o restante foi repartido entre eu e os espanhóis, de acordo com a qualificação e o serviço de cada um. Entre os despojos havia tantos discos de ouro, penachos e plumagens, coisas tão maravilhosas que por escrito não se pode fazer compreender sua beleza. Por serem tão maravilhosos, juntei todos os soldados e roguei que não fossem quintadas, mas enviadas todas a vossa majestade. Todos concordaram de muito boa vontade.

Alguns dias depois, chegaram a nosso acampamento enviados da província de Mechuacán[45], que fica a setenta léguas de Tenochtitlán. Disseram que haviam ficado sabendo que éramos vassalos de um grande senhor e que também queriam prestar serviços a esse senhor e serem nossos amigos. Eu respondi que em verdade éramos vassalos de um grande senhor, que folgava muito com sua amizade e aproveitei para saber deles se tinham conhecimento do mar do Sul. Eles disseram que sim e que poderiam nos mostrar como chegar até lá, só que teríamos que passar por terras de seus inimigos. Acertei em mandar dois espanhóis com eles para conhecerem o caminho, mas antes de irem fiz uma demonstração do poderio dos cavalos para que os conhecessem. Como tinha alguma notícia do mar do Sul, ansiava em conhecê-lo e descobri-lo para vossa majestade, especialmente porque todos que tinham alguma ciência e experiência em navegação das Índias tinham por certo que ali havia muitas ilhas ricas em ouro, pedras preciosas e especiarias, além do que se haveria de descobrir muitos outros segredos e coisas maravilhosas. E segundo as informações que tinha, estávamos a doze ou quatorze jornadas do dito mar. Como meu desejo era tão grande de servir vossa majestade, resolvi mandar quatro espanhóis em busca do dito mar. Dois foram por um caminho e outros dois por outro e mandei que não parassem até chegar ao mar. Dois deles andaram cento e trinta léguas por muitas e boas províncias sem receber nenhum estorvo e chegaram ao mar[46] e tomaram posse em nome de vossa majestade. Para registro, colocaram cruzes ao longo da costa. Depois de alguns dias, chegaram de volta com o relato do acordo, tendo me trazido inclusive alguns nativos da região e também amostras de ouro das minas que encontraram por lá. Esta amostra estou enviando a vossa majestade. Os outros dois espanhóis levaram um pouco mais de tempo, porque andaram cento e cinqüenta léguas por outros caminhos, mas chegaram ao mar, onde também tomaram posse e me trouxeram amostras e nativos.

Em outro relato que fizera, mui católico senhor, contei sobre o massacre de cem espanhóis pela gente de determinados povoados na primeira ocasião em que nos fizeram sair de Tenochtitlán. Retornados os espanhóis do mar do Sul, determinei a Gonzalo de Sandoval ir com trinta e cinco a cavalo, duzentos espanhóis e muita gente de nossos amigos contra aquelas províncias, que são Tlatactetelco, Tuxtepeque, Guatuxco e Aulicaba. Nesse meio tempo, veio à cidade de Cuyoacán, para onde havíamos ido depois de conquistar Tenochtitlán, um tenente de Vila Segura da Fronteira, para me informar dos danos que os naturais daquela província vinham sofrendo por parte da gente de Guaxacaque[47], que lhes fazia guerra porque eram nossos amigos. Destacou que era importante pacificar aquela província de Guaxacaque porque estava no caminho do mar do Sul. Dei a este tenente doze a cavalo, oitenta espanhóis e muitos índios nossos aliados para que fosse conquistar aquela província, tendo ele saído de Cuyoacán a 30 de outubro de 1521, juntamente com Gonzalo de Sandoval, cada um com sua missão específica. Quando chegaram em Tepeaca, cada um seguiu seu caminho.

Depois de vinte e cinco dias, recebi carta de Sandoval dizendo da tomada da primeira província. Mais quinze e escreveu de novo dizendo que tomara todas as províncias e enfatizava a necessidade de fundarmos povoados espanhóis ali para garantir a paz. Também recebi carta do tenente da Vila Segura da Fronteira dando conta do sucesso da sua missão e enviando uma amostra do ouro que havia em abundância naquela terra. Tendo já fundado três vilas a pedido dos capitães que enviara, decidi fundar algumas vilas de espanhóis também dentro da cidade de Tenochtitlán, pois esta era nossa mais importante conquista e não podia ficar desamparada. Distribuí os solares e nomeei alcaides e regedores em nome de vossa majestade. Decorridos quatro ou cinco meses, a cidade de Tenochtitlán já está se reerguendo e creia vossa majestade que já está ficando muito formosa e recuperando a nobreza que tinha anteriormente, quando foi a senhora de todas estas províncias.

Tendo resolvido mandar um capitão ao rio de Panuco para fundar um povoado e um porto ali, fiquei sabendo por um emissário deste que havia chegado um navio à Vila Rica de Vera Cruz trazendo Cristóbal de Tapia, inspetor das fundições da Ilha Espanhola. No outro dia, recebi uma carta deste dizendo que vinha assumir como governador destas terras por mandato de vossa majestade. Mandei ao tesoureiro de vossa majestade e ao frei Pedro Malgarejo de Urrea até Vera Cruz para verificarem a veracidade do documento. Eles mandaram me dizer que examinaram a documentação que Tapia lhes apresentou e que constataram ser a mesma emitida por vossa majestade. Embora não me agradasse tal ingerência, eu determinei a todos que obedecessem o recém-chegado e me determinei ir ao seu encontro para conversarmos. Os procuradores dos conselhos desta Nova Espanha protestaram contra a minha saída das províncias de Tenochtitlán e México, por entenderem que a minha presença era fundamental para manter aquelas terras pacificadas e impedir qualquer levante dos nativos. Disseram que eles mesmos, procuradores, iriam a Vera Cruz examinar os papéis e conversar com Tapia. Sentindo sua determinação, resolvi deixá-los ir, porém mandei com eles uma carta a Tapia relatando o que se passava naquela região e dando poder a Gonzalo de Sandoval, Diego de Soto e a Diego de Valdenebro, para que em meu nome e junto com os procuradores fizessem o que fosse melhor para o serviço de vossa majestade. Embora constatando a veracidade dos documentos apresentados por Tapia, pediram que ele deixasse estas terras, pois senão os nativos daqui se alvorotariam e iríamos ter grande confusão, tendo que iniciar novamente um processo já concluído.

Diante do que lhe foi requerido, Tapia resolveu embarcar no seu navio e partir. Todavia, neste meio tempo vieram a mim alguns índios do México e de outras províncias para me dizer que havia uns vinte navios que andavam pela costa, com muita gente, mas que esta não descia a terra. E disseram que se eu os quisesse enfrentar que se vestiriam de guerra e viriam me ajudar. Procurei me certificar do que diziam e descobri que era uma cilada, pois ficaram sabendo que eu pretendia deixar a província e queriam se aproveitar disto. Eu dissimulei com eles e mandei prender alguns principais que haviam feito a trama. De maneira que só Deus poderia determinar o grande dano que causaria para o serviço de vossa majestade a presença do dito Tapia nestas terras, por não ter conhecimento da mesma, nem experiência em lidar com estes índios.

Contornada esta situação, mandei dizer ao capitão que havia conquistado a província de Guaxaca que fosse auxiliar Pedro de Alvarado, o qual desde janeiro tentava conquistar a província de Tututepeque, que se situa quarenta léguas além de Guaxaca, junto ao mar do Sul. Precisávamos conquistar aquela província para abrir o caminho para o mar do Sul. Além desta tentativa por terra, também mandei aparelhar duas caravelas medianas e dois bergantins para saírem pela costa em busca do dito mar, pois a conquista do mesmo será a coisa mais importante que resultará a serviço de vossa majestade depois que as Índias foram descobertas.

Em outra carta fiz saber a vossa majestade como próximo das províncias de Tascaltecal e Guasucingo havia uma serra redonda e muito alta da qual saía fumaça continuamente, como se fosse uma flecha atirada para cima. E porque os índios nos davam a entender que aquilo era coisa muito má e que morriam os que iam ali, mandei a certos espanhóis que subissem lá e verificassem do que se tratava. Depois de três tentativas, chegaram até a boca, que mede dois tiros de balista, e viram que a cova é tão funda que não puderam ver onde terminava. Enquanto estavam observando, ouviram o ruído que trazia a fumaça e trataram de escapar depressa, o que conseguiram com muita dificuldade, pois quando chegavam ao pé da montanha começaram a rolar as pedras montanha abaixo e a escorrer um material extremamente quente que vem junto com a fumaça.

Considerando que, depois de tanta guerra, todos os espanhóis têm muita necessidade das mais diversas coisas para se manterem e se estabelecerem nestas terras, determinei a cada senhor destas terras que dê a um determinado espanhol tudo o que ele precise para se sustentar e se manter. Disto, farão maior relato os procuradores que vão desta Nova Espanha.

Mui católico senhor: que Deus Nosso Senhor conserve sua vida, sua real pessoa e sua cesárea majestade aumentando seu poder com o acréscimo de muitos outros remos e senhorios, como seu real coração deseja. – Da cidade de Cuyoacán, desta Nova Espanha do mar oceano, a 15 de maio de 1522 anos. Deste humilde servo e vassalo de vossa cesárea majestade que as mãos e os pés beija. *Hernan Cortez*.

Potentíssimo senhor: A vossa cesárea majestade faz relato Hernan Cortez, seu capitão e justiça maior desta Nova Espanha do mar oceano, conforme aqui vossa majestade poderá mandar ver e porque, como oficiais da vossa majestade, somos obrigados a prestar contas do ocorrido por estas partes, o que nesta escritura vai muito bem detalhado e somos testemunha. Invictíssimo e mui católico senhor, que Deus Nosso Senhor conserve sua vida e sua real pessoa, aumente vossos remos como vossa cesárea majestade deseja. Da cidade de Cuyoacán, a 15 de maio de 1522 anos. De seus humildes servos e vassalos que de vossa majestade beijam os pés e as mãos – *Julián Alderete, Alonso de Frado e Bernardino Vásquez de Tapia.*

Quarta Carta

Que dom Hernan Cortez, governador e capitão geral, por sua majestade, na Nova Espanha do mar oceano, enviou ao mui alto e mui potentíssimo e invictíssimo senhor dom Carlos, imperador augusto e rei de Espanha, nosso senhor.

Mui alto, mui poderoso e excelentíssimo príncipe, mui católico, invictíssimo imperador, rei e senhor: No relato que enviei a vossa majestade com Juan de Ribera sobre as coisas que por estas partes me haviam sucedido, disse que o havia enviado ao aguazil maior para apaziguar as províncias rebeladas de Guatuxco, Tututepeque e Guaxaca, que estão no mar do Norte. Relatei também como ele conseguira submeter aquela gente e ali fundar um povoado de espanhóis, ao qual se deu o nome de Medellín. Resta que vossa majestade saiba como se apaziguou toda aquela gente: mandei mais soldados para lá e determinei a Diego de Ordás que fosse até Guazacualco, que está cinqüenta léguas acima e que é uma cidade da qual Montezuma era senhor quando era vivo. Os senhores desta cidade o receberam muito bem e se deram por vassalos de vossa majestade. Ao retornar, Ordás me relatou de um grande rio que passava por aquelas províncias e que ia até o mar, possuindo ótimos lugares para a construção de um porto, coisa que pouco existia por aqui. Mandei então ao aguazil maior ir até aquela província e saber se ainda tinham aquela vontade manifestada de servir a vossa majestade e a nossa amizade, que antes haviam oferecido. Pedi-lhe que lhes dissesse que devido às guerras em que eu estava envolvido não pude visitá-los, mas que sempre os havia tido por amigos e vassalos de vossa majestade e, como tal, encontrariam sempre em mim muito boa vontade para com eles. E que o ajudassem a estabelecer um porto e um povoado naquele rio. Todavia, o aguazil maior não encontrou esta dita boa vontade.

Pelo contrário, estavam a ponto de guerra para não o deixar entrar na cidade, porém, agindo astutamente, prendeu uma senhora a quem todos daquela parte obedeciam[48] e com isto conseguiu apaziguá-la, pois ela mandou chamar a todos os senhores e determinou que o obedecessem. E assim chegaram até a boca do rio, e a quatro léguas do mar, porque mais perto não se encontrou lugar adequado, fundaram uma vila, à qual deram o nome de Espírito Santo. Gonzalo de Sandoval ficou residindo ali por algum tempo, até pacificar e trazer ao serviço de vossa católica majestade muitas outras províncias comarcanas, como Tabasco, que está junto ao rio Vitória, Grijalva, Chimaclán, Quechula, Quizaltepeque e muitas outras de menor expressão[49].

Também já fiz saber a vossa majestade sobre uma grande província chamada Mechuacán, cujo senhor se chama Casuli, e cujos nativos haviam se oferecido por súditos de vossa alteza. Como, pelo relato dos espanhóis que para lá enviei, fiquei sabendo que existia muita riqueza, enviei um capitão com setenta cavalos e duzentos peões bem apetrechados de armas de artilharia, para que observassem toda a província e os segredos dela. E, se necessário fosse, que povoassem a cidade de Huicicila, que era a principal daquela província. Chegando lá, foram muito bem recebidos pelos nativos, recebendo ótimos aposentos e grande quantidade de presentes que chegaram em até três mil marcos de prata envolta em cobre e até cinco mil pesos em ouro, também envolvido em prata, além de roupa de algodão e outras coisas mais que possuem. Sacado o quinto de vossa majestade, se repartiu o restante entre espanhóis que para lá foram. Como os espanhóis não se agradaram da terra para povoar, os mandei que fossem até o mar do Sul, onde povoei uma vila que se chama Zacatula e onde estou construindo quatro navios para descobrir os segredos daquele mar. Este povoado está a cem léguas de Huicicila. No caminho para lá os espanhóis tomaram conhecimento de um povoado chamado Colimán, afastado do caminho umas cinqüenta léguas pelo lado direito. Sem ter minha licença, o capitão resolveu ir até lá, onde teve escaramuças com os da província e, apesar de ter quarenta a cavalo, mais de cem peões com tiros de balistas e muitos índios nossos amigos, acabou perdendo o combate e sendo expulso da província. O resultado foram três espanhóis mortos e muitos índios nossos amigos igualmente mortos. Ao saber disto, mandei buscar o dito capitão, que já havia chegado a Zacatula, e o castiguei por sua desobediência.

Conforme mencionei no último relato, havia enviado Pedro de Alvarado à Província de Tututepeque, que fica junto ao mar do Sul, onde prendeu ao senhor e a um filho deste, tendo recebido mostra de ouro e pérola. Em resposta às últimas notícias que ele enviou, mandei que procurasse um lugar conveniente e fundasse um povoado e mandei também que os vizinhos da Vila Segura da Fronteira passassem para aquele povoado, pois este aqui, por ser tão próximo, já não havia mais necessidade de mantê-lo. Aquele novo passou a se chamar Povoado Seguro da Fronteira. Os nativos daquela província e mais os das províncias de Guaxaca, Coaclán, Coasclahuaca e Tachquiaco, além de outras ali comarcadas, se repartiram entre os vizinhos daquela vila, na qual ficou por justiça e capitão a Pedro de Alvarado. Aconteceu que, estando eu conquistando a província de Panuco, como adiante relatarei, os alcaides e regedores da vila fundada por Pedro de Alvarado pediram que este viesse até mim para negociar certas coisas que eles encomendaram. Quando este saiu, eles fizeram uma rebelião e elegeram outro alcaide no lugar daquele que Alvarado havia deixado como capitão da vila. Quando fiquei sabendo disto, enviei Diego de Ocampo, alcaide maior, para que se informasse do que ocorrera e castigasse os culpados. Sabendo disto, os rebeldes se ausentaram por alguns dias, até que eu consegui prendê-los. O alcaide maior os condenou à morte e eles apelaram ante mim. Os processos estão em julgamento para decisão em segunda instância, mas como já faz tanto tempo que estão na prisão estou pensando em comutar-lhes a pena de morte a que foram sentenciados em morte civil, o que significa o desterro destas partes, não podendo mais entrar nelas sem licença de vossa majestade, sob pena de voltarem a receber a primeira sentença.

Logo que se recuperou esta cidade de Tenochtitlán e o que a ela estava sujeito, foram reduzidas à imperial coroa de vossa cesárea majestade duas províncias que estão quarenta léguas ao norte, que confinam com a província de Panuco, e que se chamam Tututepeque e Mezclitán. Eram terras bem fortificadas, gente bem treinada no exercício das armas, como nenhuma outra nesta região. Esta gente se entregara de bom grado ao serviço de vossa majestade e assim se manteve até a vinda de Cristóbal de Tapia, o qual com os tumultos que por aqui causou fez com que esta gente não só deixasse de prestar serviços a vossa majestade, e como ainda provocasse muitos danos em seu vizinhos, queimando povoados e matando gente. Apesar da pouca disponibilidade de soldados que eu tinha na ocasião, tive que mandar um capitão com trinta a cavalo e cem peões balisteiros e escopeteiros, para tentar acalmar os rebelados. Tiveram com eles algumas escaramuças e por fim me trouxeram os senhores principais, aos quais eu perdoei a revolta em vista de seu arrependimento.

Pouco depois disto, estando eu na província de Panuco, correu o boato de que eu voltaria para Castela, o que causou grande alvoroço. E a província de Tututepeque voltou a se rebelar, queimando mais de vinte povoados e matando muitos de nossos amigos. Tive que ir para lá a fim de dominar a situação. Com a nossa aproximação eles mataram muita gente vizinha que era nossa amiga e que haviam prendido; todavia, consegui logo prender o senhor principal da província e um irmão, acabando com a revolta. Ao senhor e ao capitão geral mandei enforcar, enquanto que umas duzentas pessoas que prendemos transformamos em escravos. Estes foram ferrados e vendidos no mercado, sendo repartido o dinheiro entre os que fizeram a guerra, depois de ser tirado o quinto de vossa majestade. Isto, no entanto, não chegava para pagar os doze cavalos que perdemos na íngreme serra que tivemos que cruzar para chegar até aquela província. Os que ficaram na província permaneceram em paz, tendo por senhor o jovem filho do senhor que morreu.

Neste meio tempo, invictíssimo César, chegou ao porto da vila do Espírito Santo um bergantim vindo de Cuba, trazendo um tal Juan Bono de Quejo, o qual era portador de umas cem cartas de dom Juan de Fonseca, bispo de Burgos. Nesta cartas, que deveriam ser distribuídas a pessoas influentes destas terras, o bispo pedia que passassem a dar obediência a Cristóbal de Tapia e não a mim. Tapia àquelas alturas estava em Cuba e havia conseguido com Diego Velásquez que fornecesse o bergantim. Na carta, o bispo dizia a todos que prestariam melhor serviço a vossa majestade se aceitassem a Tapia por governador geral e que a sua permanência sob as minhas ordens contrariava a vontade de vossa excelência. A vinda deste Juan Bono e as cartas puseram tanta alteração no pessoal da minha companhia que, certifico a vossa majestade, se eu não os contivesse muita coisa de ruim teria acontecido. Disse-lhes que o melhor serviço que poderiam prestar a vossa majestade era não consentir que o bispo ou qualquer um dos seus se intrometesse nestas terras, porque a ação deste era para esconder a verdade de vossa majestade e tentar obter benefícios de vossa majestade. E disse-lhes mais, que fui informado, embora tivesse dissimulado isto, que havia um grupo em Castela tentando obter vantagens do que nós aqui estávamos realizando e o bispo era um dos que participava destas negociatas. Este grupo atuava na Casa de Comércio de Sevilha, onde prendiam os mensageiros, tomavam suas cartas e dinheiros e os ameaçavam de morte se fossem delatar o ocorrido. Fiz ver-lhes que assim que vossa majestade tomasse conhecimento do que ocorria iria tomar as devidas providências. Assim, suplico a vossa alteza, mui humildemente, que escreva a estes que têm posto toda sua dedicação a seu serviço oferecendo-lhes alguns benefícios, porque mais do que recompensá-los os estará animando para seguirem adiante com maior vontade.

Mais uma vez eu tive que me deslocar até o rio Panuco a pacificar aquela região, pois ali atracara a nau de um capitão enviado pelo adiantado Francisco de Garay, não tendo sobrado um só espanhol vivo. Os nativos daquelas partes vieram ao meu encontro desculpar-se, dizendo que fizeram aquilo porque sabiam que aqueles espanhóis não eram da minha companhia e porque os mesmos os haviam maltratado muito. E pediram que eu enviasse para ali uma unidade da minha companhia para protegê-los dos inimigos e ajudá-los a formar os povoados que eu queria estabelecer naquela área.

Depois disto, soube de um navio que vinha de Cuba com o almirante dom Diego Colón, tendo ficado naquela ilha os adiantados Diego Velásquez e Francisco de Garay, confederando-se para virem contra mim. Para evitar que fizessem um estrago semelhante ao protagonizado com a vinda de Narváez, determinei-me ir eu mesmo esperá-los. Reuni cento e vinte a cavalo, trezentos peões com artilharia e quarenta mil homens de guerra dos nativos locais e fui esperá-los. No caminho tive que defrontar ainda com alguns povoados rebelados, mas como a nossa força era muito grande não tivemos maiores problemas. Chegando ao dito porto e rio, me estabeleci em um povoado distante cinco léguas do mar, chamado Chila, que estava despovoado e queimado, porque foi ali que desbarataram o dito capitão mandado por Francisco de Garay.

Dali mandei mensagens aos povos do outro lado do rio e de outras lagoas que ficavam mais adiante, explicando-lhes que vinha como aliado e não para causar-lhes os danos que lhes fizeram os enviados de Francisco de Garay. Todavia estavam muito arredios e não só não aceitavam nosso oferecimento de amizade como ainda matavam os mensageiros. Permaneci assim por mais de quinze dias tentando atraí-los pela amizade. Mas não podíamos nem ir até a outra margem do rio que eles nos atacavam. Aproveitei então a noite e passei os cavalos para o outro lado e quando amanheceu caímos em cima deles. Mas eles eram muitos e lutavam com uma bravura que eu ainda não tinha visto por estas bandas. Mataram dois cavalos e feriram outros dez tão gravemente que não puderam andar. Com a ajuda de Nosso Senhor conseguimos desbaratá-los e colocá-los em fuga. Dormimos naquela noite em um povoado situado a três léguas do acampamento real. Com trinta cavalos que me restaram e com cem peões segui meu caminho pela costa da lagoa adiante, buscando uma passagem para o outro lado. Andamos o dia todo e não encontramos o caminho, porém avistamos um povoado muito formoso e nos dirigimos para lá. Parecia totalmente despovoado e para me certificar mandei dez a cavalo para constatar se estava mesmo abandonado. Ao entrarem no povoado surgiu uma multidão que estava escondida nas casas. Mataram um cavalo e feriram quase todos os outros. Lutavam com tamanho denodo que a luta durou muito tempo, nós rompemos três ou quatro vezes entre eles dispersando-os e outras tantas eles voltaram a se aglutinar e lutar. Colocavam um joelho no solo e sem falar ou gritar, como os outros faziam, desfechavam suas flechas, que eram tantas que se não estivéssemos bem protegidos não teríamos escapado. Só depois de muita luta eles começaram a se jogar no rio e a fugir. Assim voltamos ao povoado, onde passamos a noite e comemos o cavalo que eles haviam matado, pois não havia outro abastecimento. Andamos uns dois ou três dias sem encontrar gente nenhuma, embora tenhamos passado em diversos povoados, e voltamos para o acampamento. Todavia, como me parecia que toda a gente se concentrava naquele lado da lagoa onde eu não conseguira passar, resolvi uma noite lançar canoas na água transportando cavalos, balisteiros e escopeteiros, enquanto que também mandei outro contingente por terra dando volta à lagoa. Os nossos tomaram descuidados aqueles povoados e mataram muita gente, provocando temor tão grande que eles logo pediram a paz. Em aproximadamente vinte dias vieram todos das redondezas e pediram para se tornar vassalos de vossa alteza.

    Estando a terra pacificada, enviei por todas as partes pessoas para que a visitassem e me trouxessem relato do observado. Busquei o melhor lugar que me pareceu e fundei ali uma vila a que dei o nome de Santisteban del Puerto. Designei alcaides e regedores, deixando também ali um lugar-tenente, trinta a cavalo e cem peões. Também mandei enviar desde Vera Cruz um barco com carne, pão, azeite, vinho, vinagre e outras coisas, o qual se perdeu com tudo, enquanto que três de seus tripulantes conseguiram nadar até uma ilhota onde ficaram algum tempo, alimentando-se de lobos-marinhos, até que eu conseguisse salvá-los. Certifico a vossa majestade que esta ida me custou mais de trinta mil pesos de ouro, como poderá vossa majestade mandar ver. E os que foram comigo gastaram outro tanto em cavalos, mantimentos, armas e ferragens, porque tudo era a peso de ouro ou duas vezes a prata. Mas para ver vossa majestade bem servida não poupamos gastos, porque além de ficarem aqueles índios sob o imperial jugo de vossa alteza, teve muitos frutos a nossa ida porque logo aportou ali um navio com muita gente e mantimentos e se não tivéssemos já tomado conta daquelas terras não sobraria ninguém vivo daquele navio.

Depois de conquistar Panuco, tratei de conquistar uma outra província importante, situada junto ao mar do Sul e chamada Impilcongo, cujos nativos faziam muito dano aos vassalos de vossa majestade. Mandei um capitão para lá com vinte e cinco a cavalo e sessenta e oito peões. Ele tomou aquela província, mais a cidade de Zacatula e foi até a província de Colimán, dominando também esta e outras vizinhas de Alimán, Colimonte e Ceguatán. Na província de Colimán fundou um povoado ao qual deu o nome da província. Entre os relatos que o dito capitão me trouxe daquela região está o que lhe foi contado pelos senhores de Ceguatán, segundo o qual havia uma ilha naquelas imediações que era toda povoada por mulheres, não havendo ali nenhum varão. De tempos em tempos, os homens saíam da terra firme e iam até lá encontrar-se com as mulheres. Aquelas que ficavam grávidas e ganhavam menina guardavam consigo, mas se fosse homem mandavam para fora da ilha. Esta ilha estaria a dez jornadas desta província e dizem ser muito rica em pérolas e ouro. Vou tratar de descobrir toda a verdade sobre isto e fazer um relato completo a vossa majestade[50].

Ao chegar certo dia na cidade de Tuzapán, vindo de Panuco, encontrei ali dois espanhóis que chegavam com alguns nativos da província de Soconusco, que fica no mar do Sul, e com até cem nativos de outras duas cidades situadas setenta léguas mais ao sul desta, chamadas Uclacian e Guatemala, os quais vieram se oferecer como vassalos de vossa majestade. Eu os recebi em vosso real nome, tratei-os muito bem e mandei os dois espanhóis acompanhá-los no retorno para que nada lhes faltasse. Depois disto, fiquei sabendo de algumas revoltas nestas províncias e mandei para lá Pedro de Alvarado, ao mesmo tempo em que enviava o capitão Cristóbal de Olid à costa Norte, para povoar o cabo de Higueras, situado setenta léguas da baía de Ascensión, que é a barlavento do que chamam Yucatán. Tenho informação de que aquela terra é muito rica e que daquela baía sai o estreito que liga com o mar do Sul. Estando estes dois capitães a caminho, recebi a informação da chegada do adiantado Francisco de Garay ao rio Panuco, trazendo cento e vinte e cinco a cavalo, quatrocentos peões e muita artilharia e que se intitulava governador daquela terra. Através de um intérprete dizia aos nativos dali que os vingaria dos danos que em guerras passadas haviam sofrido e que fossem com ele para expulsar dali aqueles espanhóis que eu mantinha. E para confirmar mais ainda o complô contra mim que era tramado por Garay e Diego Velásquez, em poucos dias chegou ao dito rio uma caravela vinda da ilha de Cuba, trazendo amigos e criados de Velásquez e do bispo de Burgos. Chamei a Pedro de Alvarado antes que fosse para o Sul e o mandei para o rio Panuco, ao mesmo tempo em que me preparava para seguir também para lá, embora estivesse acamado, com um braço machucado na queda de um cavalo. Enquanto me preparava para ir, chegou um mensageiro de Vera Cruz, trazendo cartas de um navio recém-chegado da Espanha e com elas um documento firmado no real nome de vossa majestade, o qual mandava que Francisco de Garay não se intrometesse no rio ou em qualquer lugar que eu houvesse povoado, porque vossa majestade era servida pelo que eu fazia em seu real nome. Por este documento mil vezes beijo os reais pés de vossa cesárea majestade.

No caminho, Pedro de Alvarado se encontrou com um capitão chamado Gonzalo Dovalle, que havia sido mandado por Garay para atacar certas terras de nossos amigos. Alvarado chegou até ele e falou das determinações de vossa majestade e este o acatou, ficando ambos amigos. Neste mesmo tempo, o tenente que eu deixara no porto do rio Panuco entrou em contato com os comandantes de algumas das naus que estavam nas proximidades e convenceu dois deles a também obedecer os ditames de vossa majestade. Todavia, o capitão Juan de Grijalva, que era o comandante geral daquela armada, se recusou a obedecer e ameaçou afundar os dois navios. O tenente insistiu com ele e disse que se realmente tinham boas intenções não deveriam ficar assim longe do porto, como corsários querendo se apropriar dos bens de vossa majestade. Depois de enviar um escrivão a conversar com o tenente do porto, que era a autoridade maior ali, Grijalva resolveu obedecê-lo. Ao descer, o tenente o mandou prender por sua desobediência. Sabendo disto, o alcaide maior o mandou soltar para que não houvesse maiores desacertos entre os espanhóis. Assim mesmo, o dito alcaide maior escreveu a Francisco de Garay, que estava em um outro porto a dez ou doze léguas dali, dando conta das determinações de vossa majestade. Garay veio até ali onde estava o alcaide maior e foi muito bem recebido, sendo provido de tudo que precisava. Depois de ver o documento de vossa majestade, disse que o acataria e iria partir para povoar outras terras. Pediu, no entanto, ao alcaide maior que o ajudasse a chamar toda sua gente a cavalo e com artilharia que já havia se espalhado por aquelas terras. O capitão o ajudou e muitos que relutavam em subir para os navios foram açoitados. O adiantado ficou com muita dificuldade para reunir sua gente e partir, porque muitos diziam que haviam passado fome, outros que tiveram que conviver com gente não muito honesta e assim por diante. Além disto, alguns navios da frota estavam sumidos e os que ficavam não estavam nas melhores condições. Estando nestas dificuldades, Francisco de Garay pediu autorização ao alcaide maior para dirigir-se até a cidade do México, onde eu estava, para falar comigo. O alcaide autorizou e mandou me avisar. O adiantado queria que eu ajudasse a reparar seus navios e lhe desse gente que eu tivesse sobrando para substituir os seus que não queriam viajar. Disse-me inclusive que deixava comigo um filho seu, que poderia ficar como meu genro, casando-se com uma filha menor minha. Procurei fazer pelo adiantado o que faria por um irmão. Mandei prover-lhe de tudo que precisava, determinando aos senhores das cidades que o ajudassem no que precisasse, pois, na verdade, me pesava muito a perda dos navios que tivera. Como o adiantado insistia com o dito casamento, concordei com o que pedia, para o contentar, ao mesmo tempo em que nossos filhos mostravam grande concordância para com isto.

Francisco de Garay deixou-nos, no entanto, uma péssima herança. Em primeiro lugar, sua gente que se espalhou em pequenos grupos pelos povoados, atacando os índios para pegar suas mulheres e sua comida. De outra parte, o fato dele ter alvorotado os índios logo que chegou, dizendo que se juntassem a ele para acabar com os espanhóis sob o meu comando. Depois disto, nunca mais os índios de Panuco deram obediência a alguém. Tivemos inclusive de usar de toda nossa energia e ajuda de Nosso Senhor para conter um ataque que os nativos fizeram à vila de Santisteban del Puerto, onde morreram muitos dos espanhóis que vieram na armada de Francisco de Garay.

Lembrai, mui católico senhor, que quando soube da chegada de Francisco de Garay havia enviado uma armada de navios ao cabo Higueras. Pois terminada a função com o adiantado, dei prosseguimento às causas que moviam aquela iniciativa[51]. Comprei mais navios, sendo dois grandes e um bergantim, preparei quatrocentos homens com armas, munição e mantimentos. Mandei ainda dois criados a Cuba com oito mil pesos de ouro para comprar cavalos e outros mantimentos que faltavam para a viagem. Preferia comprar os mantimentos longe a tirar dos moradores daquelas terras. Com estes acertos, partiram do porto de San Juan de Chalchiqueca, a 11 dias do mês de janeiro de 1524 anos, três navios menores e um bergantim, que tem como piloto maior um primo meu chamado Diego de Hurtado. Deverão percorrer toda a costa da baía de Ascensión, em busca do estreito que se acredita haver naquela região. A determinação é para que, assim que acharem alguma coisa, um navio vá até onde está o capitão Cristóbal de Olid e este mande me avisar, para que eu possa fazer logo o relato a vossa majestade.

Também disse anteriormente que pretendia enviar Pedro de Alvarado às cidades de Utlatlár e Guatemala[52], o que não pude fazer pela chegada de Francisco de Garay. Como queria descobrir aquelas terras, que segundo as notícias eram muito ricas, tornei a dar a missão a Pedro de Alvarado e o despachei desta cidade a 6 dias do mês de dezembro de 1523 anos. Levou cento e sessenta a cavalo e trezentos peões, sendo cento e cinqüenta balisteiros e escopeteiros, além de quatro tiros de artilharia, com muita pólvora e munição, e muita gente dos nativos desta região. Tive notícias dele aos 12 dias do mês de janeiro, quando chegou à província de Tecuantepeque. Disse que iam muito bem e queira Nosso Senhor guiá-los para bem cumprir os serviços de vossa real majestade. Considero como certo, segundo novos mapas que tenho daquelas terras, que Pedro de Alvarado e Cristóbal de Olid haverão de se juntar. Muitos caminhos descobrimos e muitos caminhos já fizemos por estas terras. E certifico a vossa majestade que muito desserviço recebi por aqui, o que me impediu de descobrir novas terras e de adquirir grandes somas em ouro para vossa alteza real. Além disto, para bem executar os serviços de vossa majestade, gastei tudo quanto obtive e ainda estou devendo sessenta e tantos mil pesos de ouro, além de outros doze mil que tomei emprestados de algumas pessoas para gastos de minha casa.

Para um pedaço de terra entre as terras que estão sendo conquistadas por Pedro de Alvarado e Cristóbal de Olid, que são as províncias comarcanas de vila do Espírito Santo, mandei um capitão com gente a cavalo e artilharia, tendo partido a 8 de dezembro de 1523 anos. Deste não tenho notícias até agora, mas penso que Deus Nosso Senhor está iluminando seu caminho para bem servir a vossa majestade. Saiba que pelo Norte vossa majestade já tem mais de quatrocentas léguas de terras pacificadas e sujeitas a seu real serviço, sem haver nada pelo meio. Para o sul são mais de quinhentas léguas de terras pacificadas, exceto as províncias dos zapotecas e dos mixes. Esta é uma região muito íngreme, onde não se pode chegar a cavalo. Apesar de ter mandado gente e armas para tantas partes, mandei também para lá o capitão Rodrigo Rangel. Todavia, como era estação de muita água, ele rondou a região dois meses mas não conseguiu entrar, tendo que retornar a esta comarca. Mas, a 5 de fevereiro, o dito capitão partiu novamente para lá e espero que desta feita ele possa realizar o seu trabalho, pois, além de ser aquela uma terra rica em minas, os seus nativos não param de importunar os seus vizinhos que se tornaram nossos amigos. Por serem estes tão rebeldes, terem feito tanto dano aos seus vizinhos, terem matado muitos espanhóis e nunca terem aceitado as ofertas de paz, pedi ao capitão que os derrotasse, os matasse e tomasse por escravos os que sobrassem vivos, ferrando-os com a marca de vossa majestade. Tenha por certo, mui excelentíssimo príncipe, que a menor destas entradas me custa mais de cinco mil pesos de ouro e que as de Pedro de Alvarado e de Cristóbal de Olid custam mais de cinqüenta, sem contar outros gastos de minha fazenda. Porém, como é para o serviço de vossa majestade, se a minha pessoa fosse gasta junto, isto seria uma grande honra e recompensa.

Já falei a vossa majestade sobre quatro navios que mandei construir no mar do Sul. Como há muito que não os menciono, pode vossa alteza estar pensando que os abandonei. Mas saiba que estão sendo feitos a mais de duzentas léguas de onde ocorrem as principais coisas desta Nova Espanha. Além disto, um incêndio num depósito destruiu grande parte das velas, cabos, e outros apetrechos dos navios. Todavia, chegou há pouco uma nau vinda de Castela trazendo tudo que faltava para estes navios que, antes de serem jogados na água, já estão me custando oito mil pesos de ouro. Pretendo inaugurá-los pela Páscoa do Espírito Santo ou então no dia de São Pedro.

Depois que Deus Nosso Senhor foi servido com a tomada desta grande cidade de Tenochtitlán, pareceu-me que não seria conveniente eu ficar residindo nela, por vários motivos, o que fez com que eu passasse a viver no povoado vizinho de Coyuacán, que está na margem da lagoa. No entanto, trabalho com afinco para recuperar esta cidade, que é das coisas mais maravilhosas. Tenho promovido o retorno dos nativos que ali moravam e nomeei por capitão geral a um senhor de guerra que eu conhecia dos tempos de Montezuma. E para que tivesse mais autoridade, dei-lhe o cargo que tinha ao tempo daquele senhor e que era de ciguacoat, ou cihua-cohualt, que é uma espécie de lugar-tenente do senhor. Dei a ele e a outros principais a senhoria de terras e gente e tratei sempre de honrá-los e favorecê-los. Eles têm trabalhado tão bem que hoje a cidade já está povoada com trinta mil pessoas, voltando a ter a ordem que possuía em seus mercados e casas de comércio. A cada dia chega mais gente, sendo reativadas as funções de carpinteiro, pedreiro, jardineiro, ourives e outros ofícios mais. Outras pessoas vivem de pescaria e da agricultura. Muita gente tem sua horta, semeando aqui todas as hortaliças existentes na Espanha. Logo que esta cidade foi conquistada[53], tratei de organizar os cursos d'água de modo a ter os bergantins sempre seguros, podendo entrar e sair da cidade a qualquer momento, bem como podendo circundá-la. Depois de reconstruída a cidade, passei para lá com toda gente de minha companhia e a cada um dos que foram conquistadores em nome de vossa alteza dei um solar dos nobres que ali viviam. E porque fomos para lá, mais nossos amigos se apressam em construir suas casas para ali morar. Há dois mercados na cidade, sendo um na parte dos nativos e outro na dos espanhóis, já que a área ocupada pelos espanhóis era distinta da dos naturais, sendo separada por canais, mas unida por pontes[54].

Devido às diferenças que Diego Velásquez tinha comigo e pela má vontade e intercessão de dom Juan de Fonseca, bispo de Burgos, junto à Casa de Contratação de Sevilha, não conseguia me prover da artilharia e das armas de que necessitava, embora tivesse enviado dinheiro para isto. E não há nada que faça mais falta por aqui do que a arma, com o que esses senhores estavam prestando um desserviço a Deus Nosso Senhor e a vossa majestade. Como tinha pressa em obter novas armas, mandei à procura de cobre e me trouxeram grande quantidade deste. Mas faltava ainda estanho para a mistura necessária. E quis Deus Nosso Senhor que eu o encontrasse entre os nativos de uma província chamada Tachno[55]. Eram algumas pequenas peças, tipo de moedas muito finas, mas que serviram. Descobri depois que estas peças realmente eram usadas como moedas e que a sua matéria-prima era obtida na dita província de Tachno, que fica a vinte e seis léguas desta cidade. Quando mandei os espanhóis buscarem este material, toparam também com veios de ferro em muita quantidade. Com isto, consegui fazer alguns tiros médios e muitas outras peças pequenas de artilharia, totalizando setenta, com o que, louvado seja Nosso Senhor, já podemos nos defender. E para munição, quis Deus que encontrássemos tanto salitre que serviu ainda para outras coisas. Quanto ao enxofre, já falei a vossa majestade de uma serra situada nesta província e de onde sai fumaça. Pois ali colocamos um espanhol atado setenta ou oitenta braços abaixo pela boca da montanha que sai fumaça[56], tendo ele retirado toda a quantidade de que precisávamos. Assim pudemos realizar nosso trabalho, não havendo bispo que o impedisse.

Depois de ter deixado assentada a vila de Santisteban, que se povoou no rio Panuco, de ter dado fim à conquista da província de Tututepeque e de ter despachado um capitão para Impilcingos e Colimán, fui à vila de Vera Cruz e a Medellín, para visitá-las e provê-las de algumas coisas. Como não havia população de espanhóis mais próxima do porto de San Juan de Chalchiqueca, a não ser em Vera Cruz, para onde iam todos os navios descarregar e onde o porto não era muito seguro, pois se perdiam muitos navios[57], fui até San Juan buscar algum lugar para povoar. Quis Nosso Senhor que a duas léguas do dito porto achássemos um lugar maravilhoso para se povoar, que tinha até um estreito que ligava com o rio, o que possibilitaria, depois de limpo dos galhos de árvores, que os navios viessem trazer as mercadorias diretamente até as casas. Fiz então com que a vila de Medellín, que estava vinte léguas terra adentro, se mudasse para ali. Tenho por certo que, depois de Tenochtitlán, esta deverá ser a melhor cidade da Nova Espanha.

Tendo já enviado gente por todas as partes desta Nova Espanha, não me restava conhecer mais nada, senão o segredo da costa entre o rio Panuco e a Flórida, a qual fora descoberta pelo adiantado Juan Ponce de León. Quero muito desvendar este segredo, porque se tem como certo que por ali se encontrará o canal de ligação com o mar do Sul. Sendo Deus Nosso Senhor servido de encontrarmos o estreito, será a navegação desde as ilhas das Especiarias até estes remos de vossa majestade muito breve e segura. Por conhecer o grande serviço que isto resultará a vossa majestade, estou fazendo todos os gastos possíveis, tanto para mandar gente por mar e por terra para manter conquistada esta terra para vossa alteza como para descobrir esta importante passagem para o mar do Sul. Faço isto embora sejam tarefas extremamente custosas, pois os apetrechos de guerra são muito caros e embora a terra seja muito rica não tenho conseguido o necessário para adquiri-los, tendo que recorrer a empréstimos com freqüência. Mas como o que importa é ampliar os remos e domínios de sua real coroa, não estou medindo esforços para alcançar estes objetivos. Assim é que comunico a vossa majestade que tomei dinheiro emprestado para enviar três caravelas e dois bergantins nesta demanda, embora pense que isto irá me custar mais de dez mil pesos de ouro. Queira Nosso Senhor que esta armada alcance o fim que se propõe que é encontrar o estreito. Da mesma forma, mui católico senhor, penso enviar pelo mar do Sul os navios que estou construindo para que, até fins de julho deste ano de 1524, saiam costa abaixo também à procura do dito estreito.

Os oficiais que vossa majestade enviou para observar vossas reais rendas já chegaram e começaram a desempenhar o seu trabalho. E como esses oficiais relatarão a vossa alteza tudo o que até aqui tem acontecido, não me deterei em dar particular conta a vossa majestade, mas em remeter-me ao que eles enviarão, pois creio que por isto vossa majestade terá conhecimento da vigilância e solicitude que sempre tenho no que toca a seu real serviço. Embora a ocupação da guerra e a pacificação da terra tenham sido tantas quanto o sucesso manifesta, não tenho esquecido o especial cuidado de guardar tudo o que a vossa majestade pertença ou aplicar em vosso proveito. E como pela carta-conta que os ditos oficiais estão enviando irá ver vossa alteza que gastei de suas reais rendas para a pacificação destas partes sessenta e dois mil e tantos pesos de ouro, quero deixar claro que não pude fazer outra coisa, porque não me restava mais nada para gastar, já que havia tomado emprestados mais de trinta mil pesos de ouro e precisava concluir os serviços de vossa majestade. Por isto fui forçado a gastá-lo, ou melhor, investi-lo, porque não tem sido pouco o fruto que dele resulta, o que representa mais de mil por cento de lucro. Como os oficiais de vossa majestade fizeram constar que tendo eu gastado esta soma fui muito bem servido, suplico a vossa majestade que, sendo aquele dinheiro muito bem aplicado, mande me pagar outros cinqüenta e tantos mil pesos de ouro que gastei em minha fazenda e que tive que tomar emprestado. Se não receber isto, ficarei sem poder pagar o que pedi emprestado e em muito grande necessidade, o que tenho certeza que vossa alteza não irá permitir, porque, além de ser vossa alteza tão católico e cristão príncipe, meus serviços têm sentido apenas para aumentar vosso reino e vosso domínio.

Através destes oficiais e de outras pessoas que em sua companhia vieram, fiquei sabendo que as coisas que encaminhei a vossa cesárea majestade através de Antônio de Quiñones e Alonso de Ávila não chegaram a vossa real presença, porque foram tomadas pelos franceses[58]. Isto se deve à pouca proteção que a Casa de Contratação de Sevilha enviou para acompanhá-los a partir das ilhas Açores. Embora estas coisas fossem tão ricas e estranhas que desejava muito que as conhecesse, não precisa vossa alteza lastimar sua perda, pois trabalharei por enviar outras ainda mais ricas e estranhas. Aproveito agora para enviar com Diego de Soto algumas coisas que haviam ficado para serem remetidas numa outra viagem que não a de Quiñones e Ávila. Aproveito para mandar também uma colubrina de prata, na qual entrou na fundição vinte e quatro quintais e duas arrobas deste material, o que me custou vinte e quatro mil e quinhentos pesos de ouro com a fundação e gravação, além de mais três mil pesos para levá-la até o porto. Embora estivesse endividado, fiz mais este gasto pelo desejo de servir-lhe e de oferecer um presente digno de tão excelentíssimo príncipe.

Assim mesmo, envio a vossa alteza sessenta mil pesos de ouro das rendas reais. Tenho o atrevimento de enviar tão alta soma numa só ocasião, porque sei das necessidades que também enfrenta com guerras e outras coisas e também para diminuir algumas perdas do passado. Creia vossa majestade que, se as coisas continuarem a acontecer por aqui como estão acontecendo, terá vossa alteza a mais segura renda de todos os seus remos. Digo isto porque soube de Gonzalo de Salazar, feitor de vossa alteza, que há dois dias chegou da ilha de Cuba, que Diego Velásquez, tenente-almirante da mesma, havia feito acertos com o capitão Cristóbal de Olid que eu enviei para povoar Higueras. Embora seja isto um desserviço a vossa majestade, acredito que esteja sendo feito, por conhecer as manhas do dito Velásquez contra mim, para prejudicar o que estou realizando.

Todas as vezes que escrevo a vossa sacra majestade tenho falado da disposição dos nativos destas partes em se converter à nossa santa fé católica. E torno a suplicar o que sempre tenho pedido: que mande mais religiosos, de boa vida e exemplo, para o trabalho de conversão desta gente, porque disto Deus Nosso Senhor será muito bem servido e se cumprirá o desejo de vossa católica alteza. Podemos fazer casas e mosteiros para esta gente religiosa que para cá vem e para seu sustento podemos dar os dízimos. E que vossa alteza suplique a Sua Santidade que conceda também os dízimos para a realização nesta parte do serviço de Deus Nosso Senhor. Que Sua Santidade conceda seu poder e torne subdelegados nesta região as duas principais pessoas religiosas que para cá vieram e que são, um da Ordem de São Francisco e outro da Ordem de São Domingos[59]. Os dízimos desta cidade arrecadados no ano de 1523 e neste início de 1524 somam cinco mil quinhentos e cinqüenta pesos de ouro. Nas vilas de Medellín e Vera Cruz chegaram a mil pesos de ouro, enquanto que de outras vilas não tenho ainda informação. Todo este dinheiro será aplicado na construção de igrejas, sua ornamentação e manutenção dos párocos.

Também tenho feito saber a vossa majestade a necessidade que temos nesta terra de que tragam plantas de todos os tipos, porque aqui dá todo o tipo de agricultura. Como até agora não fomos servidos, torno a suplicar para que cada navio que venha para cá traga certa provisão de plantas. Também soube, mui católico senhor, pelos oficiais que vieram da Ilha Espanhola, que lá eles têm feito tudo para impedir que venha para a Nova Espanha égua ou qualquer tipo de animal que possa reproduzir, o que é mais um desserviço prestado a vossa majestade por Diego Velásquez e sua gente.

Como a mim convém buscar toda a boa ordem possível para que estas terras se povoem e que nelas nativos e espanhóis se conservem e perpetuem e nossa santa fé se arraigue, pois vossa majestade me deu esta honrosa tarefa e Deus Nosso Senhor me dá saúde, tomei certas medidas e as mandei divulgar. Como envio cópia a vossa majestade não as relato. De algumas medidas os espanhóis que nestas terras residem não estão muito satisfeitos. Especialmente a que os obriga a fixar-se nesta terra, porque a maioria pensa em fazer o que tem sido feito em outras terras conquistadas, especialmente ilhas, ou seja, saqueá-las, destruí-las e depois abandoná-las. Entendo que não podemos repetir erros do passado, especialmente sendo esta terra tão rica e nobre, onde Deus Nosso Senhor pode ser servido, assim como aumentadas as rendas de vossa majestade. Além disto, creia vossa majestade que se digo alguma coisa que contradiga alguma afirmação do passado é porque novos acontecimentos por aqui fizeram mudar meu parecer. Suplico a vossa majestade que ordene tudo aquilo que tem vontade ou necessidade de que eu faça, que de minha parte envidarei todos os esforços para satisfazer sua real vontade.

Invictíssimo César, que Deus Nosso Senhor agracie vossa imperial majestade com maiores remos e domínios, por muitos longos anos e em seu santo ofício prospere e conserve, com tudo o demais que vossa alteza deseje. Da grande cidade de Tenochtitlán desta Nova Espanha, 15 dias do mês de outubro de 1524 anos. Deste mui humilde servo e vassalo que os pés e as mãos de vossa majestade beija.

HERNAN CORTEZ

Quinta carta

Dirigida à sacra, católica e cesárea majestade do invictíssimo imperador dom Carlos V, desde a cidade de Tenochtitlán, a 3 de setembro de 1526 anos.

Sacra, católica e cesárea majestade: Aos 23 dias do mês de outubro do ano passado de 1525, despachei um navio para a Ilha Espanhola desde a vila de Trujillo, do porto e cabo de Honduras, e com um criado meu mandei uma carta para dali ser encaminhada a vossa majestade, na qual contava algumas coisas a respeito do que havia se passado no chamado golfo de Higueras envolvendo os capitães que eu enviei e o capitão Gil González. Naquela ocasião não pude prestar contas a vossa majestade sobre o que me aconteceu depois que saí da grande cidade de Tenochtitlán até topar com a gente daquelas partes. Faço questão de contar para manter o meu estilo de fazer com que vossa alteza esteja sempre bem informado sobre tudo o que por aqui ocorre. Além disto, já fazia algum tempo que não escrevia e vossa alteza poderia estar preocupado com a ausência de informação.

Por causa de minha lesão no braço, já estava ocioso há muito tempo e ansiava por fazer alguma coisa de que vossa majestade se servisse. Aos 12 dias do mês de outubro de 1524, saí desta grande cidade de Tenochtitlán com gente a pé e a cavalo, mas que não eram mais do que os que eu tinha em minha casa, além de alguns parentes e amigos e alguns senhores principais da cidade. Também seguiu junto Gonzalo de Salazar y Peralmírez, fiscal de vossa majestade. Deixei como encarregado de justiça e governança ao tesoureiro e contador de vossa alteza e ao licenciado Alonso de Zuazo. Deixei também todo o preparo de artilharia, bergantins, munição e gente, para o caso de algum ataque à cidade. Depois de viajar cento e dez léguas, cheguei à vila do Espírito Santo, que está na província de Caxacoalco. Enquanto dava ordens ali, enviei gente às províncias de Tabasco e Xicalango para que comunicassem aos senhores das mesmas a minha presença ali e que viessem até mim ou mandassem representantes para saber o que eu queria lhes dizer. Todos eles atenderam ao meu chamado, enviando seus representantes principais, como era costume, e deles fiquei sabendo que na costa do mar, na outra ponta da terra que chamam Yucatán, ao longo da baía de Assunción, estão certos espanhóis que lhes fazem muito dano, queimando seus povoados e matando sua gente, além de roubar as mercadorias daqueles que as levavam para vender. E me deram como testemunha muitos povos da região costeira até chegar onde está Pedrarias de Ávila, governador de vossa majestade. E mostraram-me um traçado em um pano, pelo qual se tomava bem fácil chegar até lá. Por achar tão bom o caminho e ver a possibilidade de atrair aquela gente à nossa fé e ao serviço de vossa majestade e para acabar com os exageros dos espanhóis, entendi que devia ir até lá. Queria saber se estes espanhóis eram comandados por Diego ou Cristóbal de Olid, por Pedro Alvarado ou por Francisco de las Casas[60]. E para dar ordem àquela região resolvi empreender a viagem[61].

Antes que chegasse à vila do Espírito Santo, tomei conhecimento por oficiais de vossa majestade de que se travava um desacerto em Tenochtitlán entre o tesoureiro e o adiantado que eu deixara como responsáveis pela cidade. Em certo momento, chegou a informação de que se deram até brigas entre eles, o que provocara um alvoroço entre os indígenas, os quais pensaram que os espanhóis iriam lhes atacar. Mandei então o fiscal de vossa majestade até a grande cidade para acalmar os ânimos e até assumir o poder, destituindo os dois se fosse preciso.

Reuni a gente que partiria comigo e tomei uma caravela que me fora enviada de Medellín com mantimentos. Preparei também cento e cinqüenta cavalos, quatro tiros grossos de artilharia, além de balisteiros e escopeteiros. Mandei que fossem até o rio Tabasco e que ali esperassem o que eu iria mandar. Pedi a um criado de Medellín que me mandasse outras duas caravelas e uma barca grande carregada de mantimentos. Provido do que por mar deveria levar, comecei meu caminho pela costa até a província de Cupilcon, que está a trinta e cinco léguas da vila do Espírito Santo. No caminho tivemos que atravessar muitos pantanais e muitas pontes, além de termos que ultrapassar a nado alguns rios, tendo que arrastar os cavalos. Nesta província de Cupilcon é abundante a fruta chamada cacau. É terra muito baixa e em tempo de inverno não se pode andar por ela. Desde a entrada dela até a saída, o que dá umas vinte léguas, fiz pelo menos umas cinqüenta pontes sem o que seria impossível irmos adiante. Dali, segundo o mapa dos nativos de Tabasco e Xicalango, deveríamos seguir até Zagoatán, mas os de Cupilcon não souberam nos informar como chegar lá, a não ser por água. Era preciso subir enormes montanhas e eu mandei uns espanhóis na frente a descobrir o caminho. Era necessário atravessar um grande rio, chamado Guezalapa, que é um dos afluentes do Tabasco. Aproveitei para enviar dois espanhóis aos senhores de Tabasco e Cunoapá para rogar que mandassem rio acima vinte canoas com os mantimentos que para lá eu havia mandado por uma caravela, devendo estas canoas servirem também para nos ajudar a atravessar o rio.

Naquela noite, dormi do outro lado do rio e no outro dia segui caminho margeando o mesmo em direção à nascente. Depois de dois dias de caminhada, chegamos a um povoado daquela província de Zagoatán, o qual, embora pequeno, era muito bom, tendo cerca de duzentas casas. Fiquei neste povoado vinte dias, pois durante todo este período não encontramos caminhos por terra para seguirmos adiante. As poucas pessoas do povoado com as quais conseguimos falar nos disseram que não havia caminho por terra, pois eles só se deslocavam por água. Na realidade, era muito difícil se deslocar naquela área a não ser por água, pois a mesma era repleta de rios e pequenos canais. O povoado mais próximo, segundo me informaram, era o de Chilapán, e junto dele passava um rio muito grande que abaixo se juntava com aquele de Zagoatán e entravam juntos no de Tabasco. Disseram ainda que rio acima havia outro povoado, chamado Ocumba, mas tampouco sabiam o caminho por terra para ir até lá. Como já estávamos há tanto tempo ali e já tínhamos carência de mantimentos, éramos obrigados a arrumar qualquer caminho que fosse para seguirmos adiante. Fizemos então uma ponte de uns trezentos passos, em que entraram muitas vigas de trinta e cinco a quarenta pés, e assim passamos em demanda daquele povoado de Chilapán. Por outro lado, mandei uma companhia com gente a cavalo e balisteiros em demanda do povoado de Ocumba. Estes, atravessando rios a nado e com o auxílio de duas canoas, chegaram a Ocumba e ali tomaram alguns homens e mulheres e vieram ao nosso encontro, tendo estes nativos nos auxiliado a chegar até Chilapán. O povo dali é muito gentil, tendo inúmeras lavouras de milho e muitas árvores de frutos, que foram importantes para as nossas necessidades. Permaneci ali dois dias e com o auxílio de nativos deste povoado caminhei outros dois dias até chegar a Tapetitán. No caminho passamos um rio muito grande chamado Chilapán, tal como o povoado. No cruzar este rio afogou-se um escravo e perdemos muitos fardos de mantimentos. Além disto, cruzamos por vários pantanais, onde os cavalos iam com água até o joelho. Com todo este trabalho, passados três dias, chegamos ao dito povoado, que está junto a uma grande cordilheira. O povoado estava vazio, pois sua gente tinha queimado as casas e fugido para os montes. Conseguimos prender apenas um homem e algumas mulheres. Com este índio, que fiz de guia, procurei chegar ao próximo povoado, Istapán. Andamos mais dois dias por pântanos ainda mais profundos, em que os cavalos ficavam só com o pescoço de fora. Era enorme a dificuldade para se locomover e àquela altura já não podíamos mais voltar atrás. Tampouco tínhamos notícia do grupo que mandáramos na frente para descobrir o caminho. Já muito esgotados, com fome e sem mantimentos, acampamos em um lugar seco que encontramos, pensando que ali iríamos morrer todos sem remédios[62]. Mas quis Nosso Senhor, como sempre, nos socorrer nos momentos mais difíceis. Chegaram alguns índios trazendo uma carta dos espanhóis que eu mandara na frente, em que me informavam como haviam chegado até aquele povoado de Istapán, tendo encontrado ali somente os homens, já que as mulheres eles haviam mandado para outro lado de um rio. Para chegar ao povoado os espanhóis tiveram que atravessar um grande canal e, quando os índios viram que eles se aproximavam, começaram a pôr fogo nas casas e fugir. Conseguiram prender alguns, inclusive um que parecia principal. A notícia provocou enorme alegria entre os nossos, pois, como já disse, pensávamos que iríamos morrer ali por falta de recursos. No outro dia pela manhã, seguimos o caminho indicado pelo índio e à tarde chegamos ao povoado, encontrando os espanhóis que seguiram na frente muito alegres, porque haviam achado ali muitos alimentos. Em seguida, fiz trazer diante de mim aqueles nativos que foram presos e perguntei-lhes por que em toda aquela região os nativos queimavam as casas quando nós nos aproximávamos, pois o nosso objetivo não era fazer-lhes mal, mas apenas falar-lhes da existência de um só Deus e de um grande senhor de quem éramos vassalos. Responderam-me que o senhor de Zagoatán havia colocado muito medo neles e que queimando as casas não deixariam nada para nós. Chamei então alguns nativos de Zagoatán, Chilapán e Tepetitán, que trazia comigo, e pedi-lhes que informassem se eu lhes tinha feito algum dano e se em minha companhia eram bem tratados. Depois das afirmações destes, os nativos daquele local choraram dizendo que haviam sido enganados. E para mostrar-lhes minha benevolência, dei licença a todos aqueles índios e índias que trazia comigo para que voltassem aos seus povoados e dei-lhes cartas para que levassem junto e mostrassem a algum espanhol que chegasse às suas terras, pois com isto estariam seguros contra qualquer dano que lhes pudesse ser feito.

    Depois de falar ao senhor de Istapán sobre o trabalho que vínhamos fazendo em nome de Deus e de vossa majestade para livrá-los da maldade que o demônio lhes impunha, pedi-lhe três canoas e mandei alguns espanhóis rio de Tabasco abaixo, até encontrarem o mar, devendo contornar a ponta de Yucatán e me esperar na baía de Assunción, que eu seguiria adiante por terra. Pedi a este senhor também que me desse alguns índios para irem na frente e acalmando o povo dos lugares por onde iríamos passar, para que não queimassem suas casas e não tivessem medo de nós. Assim, passei à província de Acalán, umas quarenta léguas adiante, depois de ter ficado oito dias em Istapán. Nossa caminhada continuou tão difícil quanto antes, passando por pântanos cada vez mais longos e profundos, canais, riachos e rios e por fim nos metendo em meio a uma floresta fechada, onde não se via nada mais que os galhos das árvores e o céu. Os que iam na frente abrindo o caminho mandaram dizer que estavam desatinados, que não sabiam onde estavam. Em vista disto, resolvi retroceder um pouco até um lugar onde tinha uma pastagem muito boa para os cavalos, pois fazia dois dias que eles não comiam. Passamos a noite ali, cansados, com fome e com pouca esperança de encontrar o povoado que procurávamos. Posso dizer que estavam todos mais mortos que vivos. Estando assim em tão extrema necessidade, saquei uma bússola que trazia comigo, pela qual muitas vezes me guiava, e me recordei do que os índios haviam assinalado, deduzindo que deveríamos procurar o povoado caminhando para nordeste. E quis Deus Nosso Senhor que estivesse certo. No outro dia, os que iam na frente chegaram ao povoado e houve tanta alegria que os que vinham a seguir não se deram conta de um pantanal que havia antes de chegar ao povoado e muita gente e muitos cavalos afundaram ali. Alguns cavalos ficaram atolados até o outro dia, quando conseguimos retirá-los. Felizmente não perdemos nenhum.

Naquele povoado, chamado Signatecpan, encontramos queimadas até as mesquitas e casas de ídolos e não achamos ninguém, nem nove espanhóis que mandara por canoas rio acima. Mas encontramos ali muito milho, mandioca e bons pastos para os cavalos. Tinha muita preocupação com os espanhóis que não apareciam, pois temia que tivessem morrido em confronto com os índios. Saindo à procura deles pelos arredores, encontramos uma lagoa com uma ilha, onde estava toda a população do povoado, na ilha e em canoas. Ao falar com eles através dos intérpretes, disseram que haviam queimado suas casas e fugido para a lagoa por indução do senhor de Zagoatán. Disseram também que haviam vindo ali alguns cristãos em canoas, trazendo junto alguns nativos de Istapán, os quais lhes falaram do bom tratamento que eu lhes dava. Estando ali esperando por dois dias sem que chegássemos, subiram rio acima até o povoado de Petenecte. Com eles fora um irmão do senhor daquele povoado com quatro canoas de gente dali, com a finalidade de ajudar e proteger os espanhóis. Eles mantiveram contato também com índios de outros três povoados, Zoazaevalco, Taltenango e Teutitán, os quais no outro dia vieram falar comigo, tendo me trazido mantimentos e um pouco de ouro. Falei a todos a respeito de nosso Deus, no qual deveriam crer, e em nosso rei, ao qual deveriam servir. Todos prometeram obedecer e se tornarem súditos de vossa majestade, enquanto que os daquele povoado de Signatecpan chegaram a trazer seus ídolos principais e os quebraram em nossa presença.

Dali, nosso objetivo era chegar a Acalán e procuramos nos informar como chegar até lá. Os de Signatecpan nos indicaram um caminho e chegaram a mandar abrir uma passagem e fazer uma ponte. Porém os vizinhos que por ali haviam vindo disseram que seria muito grande a volta e indicaram outro caminho, que constatamos ser o mais indicado. Mandei uns espanhóis a cavalo na frente e pedi-lhes que me escrevessem quando chegassem. Como não escreveram, resolvi ir adiante. Mais uma vez tivemos que nos defrontar com rios, pântanos e outras dificuldades. Em um determinado ponto vi que a água tinha seis braças de fundura e resolvi construir uma ponte. E mandei logo as balsas para fincar a madeira, mas o trabalho que se apresentava era enorme e senti que muita gente estava contrária ao mesmo, entendendo que deveríamos dar a volta. Além disto, todos estavam muito fracos, pois não comiam outra coisa além de ervas. Chamei então os senhores daquela região, mostrei-lhes quanta necessidade tínhamos e pedi-lhes que nos ajudassem, pois precisávamos muito chegar a Acalán. Chamaram eles sua gente e colocaram logo mãos à obra, fazendo em pouco tempo uma ponte tão boa que durará pelo menos uns dez anos se não for destruída pela mão do homem.

Mal tínhamos cruzado aquela ponte, encontramos um pantanal que tinha de extensão dois tiros de balista, que era a pior coisa que já havíamos defrontado. Os cavalos se enterravam até as cinchas e grudavam as patas no barro que havia no fundo. Com muita dificuldade colocávamos ervas para eles pisarem ou abríamos canais para nadarem. Tendo conseguido cruzar o pantanal, estando todos, gente e cavalos, completamente esgotados, chegaram os espanhóis que mandáramos, na frente, vindo em companhia de sessenta índios de Acalán, trazendo grandes provisões de milho e aves. Junto vieram dois principais enviados pelo senhor daquele povoado, chamado Apaspolon, o qual dizia que folgava muito com a minha vinda e me mandava um pouco de ouro. Não preciso dizer da alegria que fomos invadidos naquele momento. Ficamos seis dias neste povoado de Acalán e ali eu recebi mensageiros que me trouxeram notícias de Santisteban del Puerto, Medellín e da vila do Espírito Santo. Estando ali, veio um nativo que disse ser senhor de um povoado, distante cinco léguas, e me convidou para ir para lá, o que efetivamente fizemos. Chama-se o povoado Teutiiaccaa e tem formosas mesquitas, onde nos instalamos e jogamos fora seus ídolos. Havia uma destas mesquitas dedicada a uma deusa, à qual, segundo me contaram, só ofereciam em sacrifícios donzelas virgens e formosas. Se não fosse assim ela ficava muito furiosa e eles depositavam muita fé e esperança nesta deusa. Falei para eles o que eu achava a este respeito e ficaram muito felizes.

O senhor deste povoado se mostrou muito amigo e teve comigo longas conversas em que me deu um relato dos espanhóis que eu ia buscar e do caminho como chegar até lá. Dali segui até o povoado seguinte, que era Izancananc, situado à beira de um riacho, sendo de muita gente e de muitas mesquitas. Recebemos ali muitos mantimentos e o senhor do povoado ficou muito tempo em minha companhia no acampamento, dando-me também detalhes dos espanhóis que procurava e de como chegar até eles. Deu-me também certo ouro e mulheres, sem pedir-me coisa alguma. Deu-me também gente para me guiar e canoas para auxiliar nas travessias de riachos, pântanos e rios. Partimos dali no primeiro domingo da Quaresma do ano 25.

Aqui nesta província aconteceu algo muito importante que vossa majestade precisa ficar sabendo. Chegou até a mim muito secretamente, à noite, um cidadão muito honrado de Tenochtitlán, que se chamava Mexicalcingo e que agora passara a se chamar Cristóbal. Falou-me da trama que estava preparando Guatimucín, que fora senhor de Tenochtitlán, para me matar. Acontece que este Guatimucín, por ser homem muito belicoso, eu trouxe comigo, juntamente com outros que poderiam causar alguma rebelião na grande cidade. Este Cristóbal me contou que Guatimucín reuniu estes principais que haviam perdido suas terras para tramar uma maneira de me matar, indo até onde estava Cristóbal de Olid matando-o também, e depois enviariam mensageiros a Tenochtitlán para organizar um levante contra os espanhóis naquela cidade, espalhando a revolta por toda a Nova Espanha. Tomariam também os portos para que ninguém pudesse partir nem tampouco chegar navios. Depois disto, repartiriam todas as terras entre eles, cabendo a este Cristóbal o senhorio de certa província. Informado da traição, dei muitas graças a Nosso Senhor por haver me revelado e logo que amanheceu prendi a todos aqueles senhores, colocando-os separados uns dos outros. Indagados todos eles, disseram que foram Guatimucín e Tetepanquecal que haviam tramado aquela traição e que os demais não haviam participado de nada. Mandei então enforcar aqueles dois, enquanto soltei os outros, embora também merecessem a morte. Todavia, ficaram com processos abertos, podendo ser presos sempre que houver qualquer suspeita. Agi de maneira a que não descobrissem a forma pela qual fiquei sabendo do complô. Como me viam sempre usando um mapa e a bússola, disse-lhes que aquela agulha me revelava a verdade sobre tudo que queria saber e eles ficaram muito impressionados com isto.

Esta província de Acalán é muito importante, porque tem povoados com muita gente, é abundante em mantimentos e é um grande centro de mercadorias. Também são muito ricos em escravos, os quais são vendidos no mercado juntamente com outras mercadorias. As canoas dos mercadores chegam e saem por um porto na baía que chamam de Términos, mantendo intercâmbio principalmente com Xicalango e Tabasco. Embora ainda não tenha conseguido saber com certeza, dizem que saem dali para outro mar, o que faz crer que aquela terra que chamam Yucatán é uma ilha. E segundo soube também, não há outro senhor mais poderoso naquela região do que Apaspolon, de quem já falei. Este era muito rico e muito grande negociante, pois no povoado de Nito tinha um bairro povoado com seus mercadores, que eram controlados por um irmão seu. O que mais negociam por aquelas partes é cacau, roupas de algodão, tintas para tingir o corpo, que usam para se defender tanto do calor como do frio, resina de pino para os altares de seus ídolos, escravos e contas de corais.

Três dias antes de partir com destino a Mazatlán, enviei alguns espanhóis na frente, como sempre fazia, para irem tomando conhecimento do caminho. Estes logo voltaram e me informaram que o caminho era muito bom, não havendo mais pântanos, e disseram ter chegado até as lavouras dos índios daquela cidade. Minha intenção era chegar lá despercebido para que não queimassem suas casas e fugissem. No caminho encontramos quatro índios daquele povoado com seus arcos e flechas. Conseguimos prender um e perguntei se estavam a minha espera. Disse que não sabiam da minha ida e que estavam vigiando porque têm constantes lutas com seus vizinhos. Procurei ir mais depressa para chegar antes dos outros três índios. Quando lá chegamos já era muito tarde. Mesmo durante a noite tentei chegar ao povoado, mas nos deparamos com um pantanal que só podia ser cruzado com os devidos preparos. Recuamos e passamos a noite em um lugar seco e plano, mas sem água para beber. No outro dia, cruzamos o pantanal e fomos para o povoado que fica em um lugar alto, sendo cercado por uma lagoa e por um riacho que deságua nesta lagoa, de modo que há apenas um lado plano para se entrar nele. Encontramo-lo despovoado, mas muito bem abastecido de milho, aves, mel e feijão, além de frutos. Como foram tomados de surpresa, não tiveram tempo de retirar estes mantimentos. Conseguimos prender três índios e, junto com um mercador de Acalán, mandei que fossem pedir ao seu senhor que viesse até mim, que não lhe faria mal algum. Depois de dois dias voltaram com um tio do senhor, porque este era muito jovem e tinha medo de se apresentar a mim.

Este tio me conduziu até um povoado maior, mas também situado no alto, chamado Tiac. Mandou mensageiros na frente, de modo que quando eu cheguei já vieram me trazer mantimentos e roupas. O senhor de Tiac me indicou o caminho para seguir adiante, tendo ido dormir num outro povoado chamado Yasuncabil. Ali nos provisionamos de tudo que precisávamos, pois iríamos caminhar cinco dias sem encontrar povoado algum até chegar a Taica. Antes de partir, despedi os mercadores que havia tomado pelo caminho, bem como o senhor e os guias de Acalán, além de algumas mulheres suas que havíamos levado. Passávamos agora a subir montanhas e serras e no quinto dia avistamos uma lagoa muito grande, que mais parecia ser um braço de mar. No meio havia uma ilha e me informaram os guias que era ali que habitava o povo principal de Taica. Percebemos que não havia outra maneira de chegar até lá a não ser por canoas. Deixei o pessoal ali e saí para investigar melhor aquela lagoa, tendo conseguido prender um índio do povoado em sua margem. Soube dele que os do povoado não me esperavam e que próximo dali, passando um braço pequeno daquela lagoa, encontraríamos algumas lavouras e algumas canoas. Tomei uns dez ou doze balisteiros e segui o rumo indicado pelo índio. Passamos alguns pântanos com água pela cintura e seguimos o caminho que era muito ruim e não podíamos seguir sem sermos vistos. Por fim, quando chegamos às lavouras, os índios já tinham tomado conhecimento de nossa presença e tratavam de pegar suas canoas e fugir. Um guia de Mazatlán que nos acompanhava disse-me que tomaria uma pequena canoa que trazíamos e iria até a ilha falar com o senhor, que se chama Canec, e que é seu amigo, para dizer-lhe de nossas boas intenções, as quais ele tivera oportunidade de comprovar ao longo de nossa passagem por estes diversos povoados. Prometi-lhe que se fizesse tudo bem feito eu o recompensaria com o que quisesse. E assim se foi, tendo retornado à meia-noite, trazendo com ele dois principais do povoado, enviados do chefe, que queriam conversar comigo e saber de minhas intenções. Disse-lhes por que vinha e pedi para falar com o senhor principal, tendo dado um espanhol para seguir com eles como refém. No outro dia, vieram umas cinco ou seis canoas, trazendo o seu líder e aquele espanhol, vindo todos muito contentes. Chegaram quando celebrávamos a missa e para melhor impressioná-los mandei que a mesma fosse rezada e cantada e com muita solenidade, o que os impressionou muito, tendo eles assistido em respeitoso silêncio. Recebi muito bem aquele senhor e dei-lhe alguns presentes e aproveitei para falar-lhe da missa e das coisas da nossa fé. Ao final, disse-me ele que queria destruir todos os seus ídolos e seguir o nosso Deus. E queria que eu deixasse em seu povoado aquela cruz que diziam que eu deixava em todos os povoados por onde passava. Falei-lhe então sobre a grandeza de vossa majestade, a quem deveria servir e de quem receberia muitos benefícios em agradecimento. Ele me disse que não eram vassalos de ninguém, mas que tomara conhecimento de um certo capitão que passara por Tabasco há uns seis anos e que fizera com que aquela gente se tomasse vassala de um grande senhor. Usando a intérprete que eu trazia, que é Marina, a quem eu havia ganhado ali em Tabasco juntamente com outras vinte mulheres, disse-lhe que aquele capitão era exatamente eu. Ela lhe falou também como eu havia conquistado o México e todas as outras terras que me estão sujeitas e postas sob o império de vossa majestade. Então ele disse que ficava muito feliz em ser vassalo de um senhor tão grande quanto este que eu falava e mandou trazer aves, mel, ouro e contas de caracol para me dar. Depois de termos comido juntos, eu lhe disse que ia atrás daqueles espanhóis, tendo ele afirmado que tinha notícia dos mesmos, pois estavam muito próximo de um povo que era seu vassalo e onde tinha algumas lavouras. E disse ainda que me daria guias para me acompanhar, mas salientou que o caminho era muito difícil, tendo que passar por serras muito altas e penhascos. Pedi-lhe então autorização para cruzar aquela lagoa e ele concedeu, mas insistiu que primeiro eu fosse até a ilha para ver seu povo e vê-lo queimar os seus ídolos.

    Reuni minha gente e no dia seguinte partimos pelo caminho que o senhor de Tiac me havia indicado, seguindo os guias que ele me dera. Passamos algumas subidas e descidas e encontramos um longo caminho plano pela frente. Aproveitei para mandar homens a cavalo na frente para observar o caminho. Estes saíram em disparada e como fazia muito tempo que os cavalos não corriam, pois só passavam em pântanos, dois deles morreram. Mas eles conseguiram prender quatro índios caçadores que traziam um leão e quatro iguanas mortos. Estes índios informaram que o povoado que buscávamos estava próximo. Dei pressa então para chegar e quando avistamos o povoado e as pessoas andando por lá, entramos em um canal de água que nos cobriu até a cintura. Dali passamos a chamar aqueles índios para que viessem até nós. Eles se aproximaram em suas canoas, mas não o suficiente para falarmos uns com os outros. Quando tentei uma aproximação eles fugiram, mas nos deixaram uma canoa com cerca de uma dúzia de galinhas. Contornamos o canal, por indicação de nosso guia, e chegamos até o povoado, que achamos totalmente vazio. Passamos quatro dias nesse povoado, chamado Checan, cujo senhor é Amohan, para reunirmos abastecimento para mais seis dias de viagem. Durante todo o tempo em que estive ali, o senhor do povoado não veio falar comigo, embora eu tivesse mandado várias vezes chamá-lo.

Partimos então, tendo uma primeira jornada muito alegre porque a terra era plana. Foram seis léguas de bom caminho, para depois enfrentarmos sete de trajeto áspero e íngreme. Mas pelas planícies matamos dois veados e os comemos à margem de um arroio de água muito fresca. Depois disto, no entanto, tivemos que enfrentar subidas, algumas de até duas léguas e meia, o que nos obrigou a colocar cravos nas patas dos cavalos para que eles pudessem seguir adiante. Andamos uns três ou quatro dias, puxando os cavalos, dormindo onde encontrávamos um plano e aguardando os mantimentos que vinham atrás. Seguimos assim até encontrarmos um desfiladeiro que foi a coisa mais espantosa do mundo por sua aspereza e dificuldade de passagem, que por mais que quisesse não conseguiria descrever. Levamos doze dias para percorrer oito léguas e neste período morreram sessenta e oito cavalos, enquanto que outros ficaram tão feridos que levaram até três meses para se recuperar. Em todo período que cruzamos o desfiladeiro jamais parou de chover, dia e noite. Depois que o cruzamos, chegamos a um rio muito grande, que se tornava impossível passá-lo. Caminhando rio acima alguns espanhóis encontraram um baixio onde, durante dois dias, trabalhamos para fazer cruzar todo o pessoal, o material e os cavalos que ainda restavam, pois o rio tinha dois terços de légua de largura. Finalmente, na véspera da Páscoa da Ressurreição do ano 1525, chegamos a uns casarios de Tenciz. E não encontramos ali mantimento algum, o que foi terrível, pois há dez dias que só comíamos palmito e casca de palma. Assim mesmo muito pouco, porque já não tínhamos forças para cortá-los. Um nativo nos disse que deveríamos passar de volta aquele rio e caminhar uma légua rio acima que encontraríamos um povoado, chamado Tahuytal, e que ali havia muita abundância de milho, cacau e galinhas. Mandei um capitão com trinta peões e mais de mil índios até lá e encontraram o povoado abandonado mas cheio de comida. Ali nos remediamos com grande abundância, apesar da distância.

Dali deste lugar enviei com um guia dos nativos alguns espanhóis balisteiros para que fossem investigar o caminho que leva à província de Acuculin, e cujo senhor se chama Acahuilguin. Chegaram lá sem serem percebidos e prenderam sete homens e uma mulher, que trouxeram até onde eu estava. Perguntei aos nativos a respeito dos espanhóis que procurava e um deles disse que os conhecia bem, pois era mercador e tinha sua casa de mercadorias no povoado de Nite, que era um ponto de convergência de todas aquelas partes. Mandei então alguns espanhóis com o guia avisar o senhor de Acuculin que não se ausentasse, pois eu queria falar-lhe. Fui muito bem recebido por aquele senhor, que me ajudou a ir até o povoado de

Chianteca, duas jornadas dali, onde deveria obter informações a respeito dos espanhóis que procurava. Fomos até lá, mas não obtivemos nada de concreto, até que uma mulher pela qual não dávamos nada nos disse que nos guiaria até o povoado de Taniha, que está outras duas jornadas adiante, e que ali eu obteria informações concretas sobre os espanhóis. Neste povoado me informaram que os espanhóis estavam em Nite – assim como já me haviam dito os de Acalán – e me trouxeram duas mulheres daquele povoado, as quais disseram que conheciam muito bem os espanhóis, pois estavam lá quando eles tomaram o povoado, e que estavam inclusive entre as mulheres que haviam servido aos cristãos.

Bem pode vossa majestade medir a alegria que tivemos com as informações das índias de Taniha, pois sentíamos que estávamos quase ao fim de tão tortuosa jornada. Chegamos a esquecer as enormes dificuldades passadas naquelas quatro jornadas desde Acuculin, quando tivemos que atravessar tortuosas serras, onde perdemos outros cavalos, além de passarmos muita fome, pois só comíamos palmito sem sal. Estes índios que me deram as novas sobre os espanhóis me disseram que havia duas jornadas até chegar a Nite, onde eles estavam, e que o caminho era muito ruim, havendo ainda um rio a atravessar ao chegar no povoado. Despachei logo quinze espanhóis com um daqueles guias para ir até lá e verificar que gente estava lá, se dos que havia enviado com Cristóbal de Olid, com Francisco de las Casas ou com Gil González Dávila. Ao chegarem, cruzaram o rio na canoa de um mercador e ficaram na espreita durante dois dias. Ao cabo deste tempo, saiu do povoado uma canoa com quatro daqueles espanhóis, os quais eles pegaram sem que alguém no povoado percebesse. Trouxeram aquela gente até a mim e descobri que eram de Gil González e que estavam todos enfermos, quase morrendo de fome. Mandei então aqueles espanhóis de volta com uma carta em que comunicava minha chegada e pedia que me ajudassem a atravessar o rio, providenciando canoas e o que fosse mais necessário. Levei três dias para chegar até o rio e ali veio me receber Diego Nieto, que se disse representante da Justiça. Atravessei em canoa junto com ele e mais dez pessoas e corremos grande risco, porque deu um vento muito forte e o rio é muito largo, pois é justamente ali que se encontra com o mar. Mas graças a Nosso Senhor chegamos ao porto.

Os espanhóis que ali encontrei eram sessenta homens e vinte mulheres que o capitão Gil González Dávila havia deixado e dava compaixão de vê-los. Não posso descrever a alegria que sentiram com a minha vinda, pois se isto não ocorresse nenhum deles teria se salvado. Além de enfermos, não tinham como sair dali e os seus mantimentos já estavam no fim. Enviei logo duas barcas e cinco canoas pelo mar à procura de um lugar em que tivesse remédios para curar estes espanhóis. Mas estes emissários enfrentaram um grande temporal e tiveram que se recolher a uma casa que avistaram na margem. Ali, descuidados, os nativos os atacaram e feriram e eles tiveram que voltar sem conseguir nenhum medicamento. Vi-me então em grande aperto, e se não fosse um estoque de porcos que trazia e que comíamos regradamente, sem pão e sem sal, não teríamos sobrevivido. Disse então aos índios que eu havia tomado que se me indicassem um lugar onde encontrar mantimentos eu os poria em liberdade. Um daqueles índios então falou que ele era mercador e os outros eram todos seus escravos, que ele costumava vir até ali vender suas mercadorias e sabia de um estreito que ia dali até um grande rio, onde há grandes povoações de gente rica e abastada. Como não sabia se ele mentia ou não, mandei que o levassem atado a correntes. Fiz com que ele acompanhasse um grupo que iria procurar aquele lugar de que falava. Ao cabo de dez dias, voltaram e o capitão me disse que haviam cruzado banhados e rios e haviam se metido por outros banhados por onde não podiam passar e tiveram que voltar. Perguntei àquele guia por que me havia burlado e ele disse que não havia mentido, o que houve foi que aqueles espanhóis que enviei não quiseram ir adiante, quando já estavam bem próximos do mar e do povoado. Alguns espanhóis me disseram que de fato chegaram a ouvir barulho do mar. Com isto ficamos todos muito desanimados e eu já estava tratando de consertar um bergantim velho e uma caravela que havia ali, quando, de repente, chegou ao porto um navio procedente da ilha, trazendo treze cavalos, setenta e tantos porcos, doze arrobas de carne salgada e trinta cargas de pão. Demos graças a Deus por aquilo e eu comprei tudo, inclusive o navio, pagando quatro mil pesos.

Enquanto estávamos naquela situação delicada, alguns espanhóis haviam saído por terra e encontrado uma povoação chamada Leguela, onde tomaram alguns índios, os quais disseram que o povoado onde estiveram Francisco de las Casas, Cristóbal de Olid e Gil González Dávila se chama Naco. Decidi então levar comigo no navio aquela gente doente e os meus auxiliares diretos, enquanto que os demais despachei por terra, combinando de nos encontrarmos na baía de Sant Andrés, que está a vinte léguas de distância. Quando me preparava para levantar âncora, percebi que o estoque de pão para a viagem era pequeno e não poderia me aventurar ao mar com pouca comida e tanta gente doente. O capitão que chegara com o navio me falou que certa vez subira aquele rio acima e que havia encontrado dois grandes golfos, todos de água doce, a quatorze léguas de distância. E que depois disto o rio tornava a estreitar-se e ficava tão furioso que em seis dias não conseguiram subir mais de quatro léguas, mas que acreditava que ali tivesse milho em abundância. Eu tinha aprontado também o bergantim e tinha pouca gente para sair pelo mar. Resolvi então subir rio acima, porque, além de procurar alguma coisa para comer, poderia também descobrir alguma outra coisa que pudesse servir a vossa majestade. Resolvi então tomar apenas o bergantim, quarenta espanhóis e cinqüenta índios, além de duas canoas, deixando ali os enfermos, para sair em busca de recursos para eles. Depois de dois dias e uma noite, chegamos até o primeiro golfo, não encontrando população alguma ao seu redor. Naveguei mais um outro dia até chegar ao outro golfo, que era das coisas mais lindas do mundo, pois tinha mais trinta léguas ao seu redor e estava ao pé de ásperas montanhas. Andei por uma de suas bordas e encontrei um caminho que levaria a um povoado, o qual encontramos desabitado, seguramente porque sentiram nossa presença. Encontramos apenas uma roça de milho verde e aproveitamos para comê-lo e nos abastecer. Como não era tudo que procurávamos, nos dirigimos para o outro lado do golfo, onde chegamos à noite e tivemos que esperar até o outro dia para baixar a terra. Descemos por uma trilha até encontrar um povoado que estava desabitado há algum tempo, pois o mato já tomava conta das casas. Seguimos adiante e encontramos uma pequena lavoura de milho e uma casinha, onde tomamos três mulheres e um homem. Estes nos guiaram até uma outra lavoura, onde pegamos outras duas mulheres e dali seguimos até uma grande lavoura que tinha até umas quarenta pequenas casas. Como fomos percebidos, as pessoas fugiram para os montes e não tiveram tempo de recolher as galinhas, pombas, perdizes, faisões e outros bichos que tinham em gaiolas. Passamos ali aquela noite e remediamos muito bem a fome, pois comemos aquelas aves com milho verde, que também encontramos por ali. Estávamos há duas horas naquele povoado quando chegaram alguns índios descuidados que moravam ali e que haviam saído para caçar. Nossos sentinelas os prenderam e perguntamos a eles onde havia outro povoado próximo. Nos disseram que no outro dia nos conduziriam a um povoado ao qual iríamos chegar já ao anoitecer. Partimos cedo, seguindo por um caminho pior do que aquele em que havíamos passado anteriormente. Passamos um rio que ia dar naquele golfo, o qual nada mais era do que um grande ajuntamento dos diversos cursos de água que vinham das montanhas vizinhas. Andamos sete léguas, ao longo das quais cruzamos por quarenta e cinco rios, sem contar os arroios. No caminho tomamos três mulheres que vinham daquele povoado onde nos levavam os guias, tendo elas nos certificado que eles falavam a verdade. Quando o sol já estava se pondo, ouvimos certo ruído de gente e atabales, tendo as mulheres me dito que aquele era um dia de festa no povoado. Chegamos em silêncio para tomar o povoado, mas caía uma tempestade tão grande, a noite era tão escura e era tamanha a peste de mosquitos que não conseguíamos encontrar caminho para o povoado, embora estivéssemos tão perto que praticamente ouvíamos as conversas deles. Deixamos a noite passar e bem cedo invadimos o povoado enquanto todos ali dormiam. Teríamos prendido todos facilmente se um dos nossos não tivesse se assustado com as armas deles e tivesse dado o grito de "Santiago, Santiago", que significava o pedido de auxílio. Com isto eles se acordaram e tivemos que combatê-los, matando uns dez ou doze deles e prendendo quinze homens e vinte mulheres. Tampouco neste povoado encontramos coisa que se aproveitasse, pois, embora tenhamos encontrado milho verde, não era o que procurávamos.

Fiquei dois dias neste povoado e indaguei dos índios dali se sabiam de algum outro povoado onde houvesse milho seco. Eles me disseram que sim, que se chamava Chacujal, que era muito grande, muito antigo e muito bem abastecido. Andamos de novo do amanhecer até o anoitecer por caminhos ruins e cruzando rios, até que chegamos ao povoado. Deixei seis sentinelas e fomos dormir. Quando eu me recostava sobre umas palhas, veio um dos sentinelas, dizendo que vinha pelo caminho muita gente de armas que, ao que parecia, marchava descuidada em direção ao povoado. Procuramos cercá-los e eles nos viram e imediatamente passaram a disparar suas flechas. Já estávamos todos dentro do povoado e eles se espalharam por entre as ruas. E como era noite muito escura, não mais os vimos. Saí então em direção a uma grande praça onde eles têm seus ídolos e oratórios. Alguns dos nossos disseram que deveríamos ir embora logo, antes que os demais da cidade nos vissem. Entendi que com isto estaríamos demonstrando medo e, embora fôssemos muito poucos em relação a eles, deveríamos ficar. E assim fizemos. Passamos a noite naquelas mesquitas, enquanto que alguns dos nossos saíram pelas ruas a investigar e ninguém se moveu contra eles. Entraram em muitas casas, viram que havia muita quantidade e qualidade de alimentos e voltaram muito contentes.

Logo que amanheceu saímos todos pelo povoado, que era muito bem traçado, com as casas muito juntas e muito boas, havendo em todas elas muito algodão fiado e por fiar, roupas feitas de algodão, e muita quantidade de milho seco, cacau, feijão, sal, galinhas, faisões, perdizes e cachorros, os quais comiam e que tinham um ótimo sabor. Com o que havia ali poderíamos muito bem encher um navio com mantimentos para vários dias. Mas estávamos a vinte léguas do porto e muito cansados. Pedi a um índio daqueles que havíamos prendido que fosse chamar o senhor principal que eu queria lhe falar dos motivos de paz por que vim. Alguns me alertaram para o fato de que, quando nos reuníssemos para conversar com o senhor deles, eles veriam que éramos poucos e cairiam sobre nós. Ponderei que isto era possível de acontecer, mas que tínhamos um outro inimigo que era a fome e precisávamos sair dali com mantimentos. Esperamos ali dezoito dias e o senhor principal não apareceu para falar comigo.

Pelo menos conseguimos ali algum remédio para levar aos espanhóis que eu deixei doentes. Pensei então em seguir por aquele rio que passava no povoado até o grande rio que ia até os golfos, onde eu havia deixado o bergantim e as barcas e canoas. Através de senhas, um índio dali me confirmou este itinerário e até me deu o nome daquele rio grande, se chama Apolochic. Perguntei-lhe quantos dias levaria para as canoas chegarem até o golfo e eles me disseram que eram cinco. Mandei então dez espanhóis e um guia em duas canoas para descer até onde estava o bergantim e que buscassem a barca maior rio acima. Enquanto isto, mandei preparar quatro balsas de madeira e as enchi com milho, feijão, cacau, pimentão e outros artigos. Passados oito dias, chegaram os espanhóis que eu havia enviado até o bergantim. Disseram que a barca tivera que ficar cinco léguas abaixo, pois não conseguia subir o rio. Disseram-me também que no caminho tiveram que lutar com alguns índios, embora fossem poucos. Resolvi então tomar uma canoa e aquelas balsas e ir até onde estava a barca maior. Tomei alguns balisteiros para proteção dos ataques dos índios e alguns homens com varas compridas para evitar que as balsas trancassem nos galhos da beira do rio. Encomendando-me a Deus, larguei rio abaixo, com as balsas sendo arrastadas pela forte correnteza. Já fazia três horas que tinha anoitecido e seguíamos nosso curso, quando ouvimos grande alarido de índios. Nos atacaram numa curva do rio, atirando flechas e pedras que feriram a todos nós, inclusive eu. Somente nos salvamos porque o rio era muito largo e fundo e aqueles índios que se jogaram na água para nos atacar acabaram se afogando, pois além de tudo era noite escura. Além disto, a forte correnteza nos ajudou a nos afastarmos deles. Quando amanheceu, estávamos a cinco léguas do bergantim e ao meio-dia chegamos até onde ele estava, de modo que em um dia inteiro e uma noite andamos vinte léguas rio abaixo.

Quando chegamos, quase tudo o que trazíamos estava molhado e se não enxugássemos perderíamos tudo. Mandei então para o bergantim o que estava seco e o restante tive que levar para o povoado, pois ali no golfo não havia condições para secar. Ao cabo de três dias, chegaram os espanhóis que vieram por terra desde aquele povoado em que eu partira com a barca e as balsas. Chegaram todos muito bem, exceto um que comeu algumas ervas e acabou morrendo em função disto. Buscamos as canoas que tinham levado os mantimentos a secar no povoado e fomos embora, mas com a intenção de nos determos naquele povoado onde primeiro havíamos passado, porque entendíamos que o milho ali já estaria no ponto de colher, o que realmente aconteceu. Paramos ali e cristãos e índios se encarregaram de encher o bergantim de milho, dando-nos provisão para muito tempo.

Fomos até onde estava a gente de Gil González, apanhamos todos eles e seguimos para o porto da baía de Sant Andrés. Todavia, como era muita gente para os barcos, mandei por terra aqueles que podiam andar, levando junto dois cavalos. Mandei pela costa uma barca para lhes ajudar a atravessar certos rios que havia pelo caminho. Chegamos ao porto e ali encontramos os espanhóis que vinham de Naco e que já haviam chegado dois dias antes. Passei a procurar por aquele porto um lugar para fundar um povoado, pois este era um magnífico recanto, talvez o melhor desta terra firme. Além disto, a duas léguas dali encontrei algumas amostras de ouro. Convidei então aquela gente de Naco para iniciar o povoado e cinqüenta deles se dispuseram a ficar ali. Fundei então a Vila de Nossa Senhora e coloquei alcaide e regedores, clérigo, ferreiro, carpinteiro, alfaiate e barbeiro, além de vinte e cinco a cavalo entre eles e alguns balisteiros, com também certa artilharia de pólvora. Procurei também falar com os nativos dali e acalmá-los, pois estavam muito alvorotados, visto que haviam sofrido muito com Gil González e Cristóbal de Olid. Chamei um daqueles principais do México que trazia comigo e pedi que lhes falasse sobre o que eu havia feito em sua terra e sobre o bom tratamento que sempre receberam de mim. A maneira sincera com que falou aquele principal e o jeito alegre com que se mantinha o nosso intérprete serviram para acalmar aquela gente. Poucos dias depois, o capitão que eu deixei em Naco me escreveu dizendo que aquela gente dali e mais a de Quimistlán, Sula e Cholome começava a vir em paz até onde eles estavam.

Quando cheguei àquele povoado de Nito, invictíssimo César, onde achei perdida aquela gente de Gil González, soube deles que Francisco de las Casas, a quem eu havia enviado à procura de Cristóbal de Olid, havia deixado um grupo de espanhóis em um porto situado sessenta léguas abaixo e que era chamado de Honduras. Logo que cheguei ao porto e baía de Sant Andrés, onde em nome de vossa majestade fundei a Vila de Nossa Senhora, encaminhei para Honduras aquele navio que eu havia comprado, com a finalidade de saber a respeito dos espanhóis que lá estavam. Pouco tempo depois, o navio veio de volta, trazendo junto o procurador e o regedor que me rogaram que eu fosse remediá-los, porque tinham muita necessidade. Depois que o capitão Francisco de las Casas os deixara lá, o alcaide nomeado por ele se rebelou, tomou um navio e partiu com cinqüenta dos cento e vinte homens que lá estavam. E o que é pior, levou praticamente todas as armas e instrumentos de trabalho, com o que os que lá restaram ficaram totalmente desprotegidos, temendo morrer tanto por ataque dos índios como pela fome. Disseram ainda que havia aportado lá um navio vindo da

Ilha Espanhola, capitaneado pelo bacharel Pedro Moreno, mas que este se negou a lhes prestar qualquer auxílio.

Para remediar esta situação, tornei a embarcar nos navios que eu tinha, levando junto os doentes para dali enviá-los às ilhas e à Nova Espanha, como efetivamente os enviei posteriormente, apesar de alguns terem morrido. Mandei que viessem por terra vinte a cavalo e dez balisteiros, porque soube que o caminho era bom, embora houvesse alguns rios a passar. Segui pelo mar e devido a alguns contratempos levei nove dias para chegar até lá. Largando âncora, desci em uma barca com dois frades da Ordem de São Francisco, que sempre trago comigo. Toda gente do povoado já estava na praça me esperando. Quando me aproximei da margem muitos saltaram na água, me tiraram da barca e me carregaram nos ombros, mostrando enorme alegria pela minha vinda. Depois nos unimos ao povo na praça e fomos até a igreja que eles haviam construído, para darmos graças a Nosso Senhor. Cumprido este ritual, pediram que me sentasse que eles queriam me relatar tudo o que por lá se passava. Deram a palavra a um clérigo para que me fizesse o relato, tendo ele dito o seguinte:

"Senhor: já sabeis como todos que aqui estamos fomos enviados desde a Nova Espanha com Cristóbal de Olid, vosso capitão, com o objetivo de povoar estas partes em nome de sua majestade real, tendo-nos pedido que obedecêssemos a este Cristóbal de Olid como se fosse vossa pessoa. Assim, saímos com ele à ilha de Cuba para tomar alguns mantimentos e cavalos que nos faltavam. Chegados ao porto de Havana, fez alguns acertos com Diego Velásquez e com alguns oficiais de sua majestade, que lhe enviaram alguma gente. Recolhemos nossos mantimentos, que corretamente nos foram entregues por Alonso de Contreras, vosso criado, e partimos de volta. Deixadas algumas coisas que nos aconteceram pelo caminho, chegamos a esta costa, quatorze léguas abaixo do porto dos Cavalos. Logo que saltamos à terra o capitão Cristóbal de Olid tomou posse dela em nome de sua majestade e por procuração e designação de vossa pessoa. Fundou ali uma vila com alcaide e regedores. Passados alguns dias, juntou-se com aqueles criados de Diego Velásquez que com ele vieram e fez certos acertos em que logo se mostrou fora da obediência a vossa pessoa. Embora muitos de nós percebêssemos isto, não ousávamos contradizer porque ameaçava com a força quem não obedecesse.

"Através de seis emissários de Gil González, que prendera, soubera que este vinha por estes lados e mandou seus homens se colocarem em uma passagem do rio para o prender. Voltou ao povoado e preparou duas caravelas, colocando artilharia e munição, para atacar um povoado de espanhóis que Gil González tinha costa acima. Estando pronto para partir, chegou Francisco de las Casas com dois navios. Mandou então que seus homens atirassem contra os navios de Las Casas, embora tivesse levantado bandeira de paz e gritasse que estava ali a vosso serviço. Um tiro pegou no costado do navio em que ia Francisco de las Casas e atravessou até o outro lado. Desceram então para barcas com artilharia e tomaram os dois navios que estavam no porto. Só então Cristóbal de Olid resolveu conversar com eles, não com a intenção de um acerto, mas apenas para ganhar tempo. E assim ficaram em acertos até que veio um temporal muito forte. Como o navio de Las Casas não estava em um porto mas numa costa brava, acabou se espatifando, afogando-se trinta e tantos homens e perdendo tudo o que traziam. Las Casas e alguns outros conseguiram escapar apenas com a roupa do corpo. Olid aproveitou-se para prender a todos e antes de entrarem no povoado os fez jurar sobre um evangelho que o obedeceriam.

"Neste meio tempo, chegou a notícia de como seu capitão havia prendido cinqüenta e sete homens que iam com o alcaide maior de Gil González Dávila, mas que depois os soltara. Foi severamente repreendido por isto, tendo Olid decidido ir até aquele povoado de Naco, levando consigo a Francisco de las Casas, embora este suplicasse para que o deixasse ir a vossa presença. Depois de alguns dias, soube que o capitão Gil González estava com pouca gente em um povoado chamado Cholome. Foi até lá à noite e prendeu a todos, mantendo assim consigo aqueles dois importantes capitães vossos. Por diversas vezes Francisco de Las Casas pediu para ser solto, e como não era atendido prometeu que mataria Cristóbal de Olid logo que pudesse. Certo dia, os três estavam reunidos em uma sala conversando e Las Casas saltou sobre Olid, pegando-o pela barba. Usando uma destas espátulas que se coloca sobre as escrivaninhas, que era a única arma que tinha, cravou-lhe várias vezes, dizendo: "Já não é mais tempo de sofrer com este tirano". Logo também Gil González saltou sobre ele, bem como outros criados, tomaram as armas e atacaram os guardas, sem provocar nenhuma morte. Mas neste meio tempo, Cristóbal de Olid, apesar de ferido, conseguiu escapar. Em duas horas eles haviam apaziguado tudo e ofereceram um prêmio a quem encontrasse Olid. Logo ele foi encontrado e os dois capitães procederam ao seu julgamento, condenando-o à morte, a qual foi executada cortando-lhe a cabeça. Toda a gente ficou muito feliz, sentindo-se em liberdade. E logo mandou-se apregoar que aqueles que quisessem ficar ali para fundar o povoado poderiam ficar e quem quisesse ir embora também poderia. Cento e dez homens quiseram ficar e os demais pediram para ir embora com Gil González e Francisco de las Casas, que iam para onde vós estivésseis. Francisco de las Casas nos deixou alcaide, regedores e tudo o mais que precisávamos e pediu que viéssemos até esta costa, fundássemos uma vila e que chamássemos esta vila de Trujillo, dizendo ainda que reivindicaria junto a vós para o encaminhamento breve de mais armas, gente, mantimentos e cavalos. Deixou-nos ainda dois intérpretes, um cristão e uma índia. E para que mais rapidamente vós ficásseis sabendo do que ocorria por aqui, despachou um bergantim pelo mar. E assim fizemos. Chegados ao porto de Sant Andrés ou dos Cavalos, encontramos uma caravela que havia vindo das ilhas e a fretamos para levar roupas e mantimentos para um ponto mais abaixo, porque ali não era porto adequado para povoar. Nós seguimos por terra, sem trazer mais do que os cavalos e as roupas que vestíamos. No caminho tivemos alguns combates com os da terra, que mataram dois espanhóis. Chegamos ao porto, cansados mas alegres porque iríamos encontrar nossa fardagem e mantimentos que viriam com a caravela. Mas não encontramos coisa alguma. O capitão fugira com a caravela e nos deixara em grande necessidade.

"Não tendo outro remédio, tratamos de assentar a vila e nos estabelecermos, na esperança de que algum dia vós viésseis ao nosso encontro. Certo dia, apareceu a duas léguas do porto uma caravela. O alcaide maior tomou uma canoa e foi até lá, ficando sabendo que a mesma era trazida por um tal bacharel Pedro Moreno, vindo da Ilha Espanhola. Ficamos muito alegres e demos graças a Nosso Senhor, acreditando que ele havia remediado nossa necessidade. Mas este Pedro Moreno disse ao alcaide maior que só entregaria o que trouxera mediante o pagamento de ouro ou de escravos. Como nada disso tínhamos, disse que iria embora e nos tocou para fora da sua caravela. Botou para fora também um tal Juan Ruano, que fora o principal movedor da traição de Cristóbal de Olid. Este Juan Ruano chegou para o alcaide, os regedores, para mim e mais outros e disse que, se nós fizéssemos o que ele pedisse, conseguiria fazer com que Pedro Moreno nos desse o que precisávamos e, mais ainda, faria vir da Ilha Espanhola tudo o mais que precisávamos. Indagado sobre o que queria que fizéssemos, disse: que todos os que ali tinham cargos, desde alcaide, regedor e até capitão, renunciassem a esses cargos, passando ele a ocupar todos, sendo o encarregado de tudo naquele povoado. Ficamos contrafeitos, mas, entre morrer de fome e atender aquilo, acabamos concordando. Voltamos à caravela e apresentamos a situação para Pedro Moreno, o qual concordou plenamente com a indicação de Juan Ruano como capitão geral do povoado, fazendo logo descer a terra muita gente armada, trazendo mantimentos e providenciando o ato de juramento do novo comandante, o qual inclusive mudou o nome do povoado para Vila Ascensión. Fez logo uma estrada e trouxe muita gente como escravos, entregando a Pedro Moreno, o qual, muito satisfeito, se foi embora, prometendo voltar com muitos maiores poderes. Quando ele se foi, vendo que este Juan Ruano não prestaria serviços a sua majestade, nós o prendemos e o enviamos às ilhas e assim temos estado aqui".

Eu lhes respondi que as coisas passadas com Cristóbal de Olid eu lhes perdoava em nome de vossa majestade e no que haviam feito mais recentemente e não tinham culpa, pois estavam em muita necessidade, mas que dali em diante fossem mais cuidadosos para não prestarem desserviço a vossa alteza. Também reconduzi todos aos cargos que Francisco de las Casas lhes havia dado em meu nome, com o que ficaram muito felizes. Como haviam dito que aquele bacharel Pedro Moreno haveria de voltar muito bem armado, tratei de não me afastar do povoado, embora mandasse alguém manter contato com os povos vizinhos. Todavia, fora daqueles povos que Moreno levara os escravos, o que certamente criaria muitos problemas para a sua pacificação. Resolvi então escrever aos juízes da Ilha Espanhola, contando o desserviço que o tal Pedro Moreno prestara a vossa majestade e pedindo que o prendessem e me enviassem para onde eu estava, mandando juntamente os índios que ele havia tomado como escravos. Não sei o que farão sobre isto, mas o que me responderem darei conhecimento a vossa majestade.

Passados dois dias que cheguei a este porto e vila de Trujillo, mandei um espanhol que entende a língua dos locais e mais três índios de Culúa, que falam praticamente a mesma língua dos daqui, apenas com pequenas diferenças, para tentar atrair aqueles povos. Foram a uns povoados muito desenvolvidos que estão a seis ou sete léguas e que se chamam Champagua e Papayeca. Explicaram para os senhores locais o motivo de minha vinda. Estes os receberam bem, deram-lhes presentes e disseram que tinham muito medo de serem levados nos navios. Depois disto, recebi emissários deles e prometi-lhes que este fato, que havia me desgostado muito, não se repetiria. Embora os senhores principais não tenham vindo, pedi a estes que mandassem espalhar pelos outros povoados a conversa que haviam tido comigo. E roguei a todos que viessem me ajudar a construir aquele povoado, no que fui plenamente atendido, pois ao cabo de poucos dias vieram quinze ou dezesseis senhores daquela região que se ofereceram por vassalos de vossa majestade e trouxeram sua gente para ajudar a construir o povoado, trazendo também os mantimentos com os quais nos abastecemos até voltar o socorro dos navios que eu enviara às ilhas.

Diante desta situação mais tranqüilizadora, resolvi enviar ao mar quatro navios, inclusive este que voltava das ilhas. Mandei um com doentes para os portos da Nova Espanha, levando um farto relato aos oficiais de vossa majestade, informando que eu deveria permanecer por mais algum tempo por aqueles lugares onde andava. Mandei que este navio viesse pela ilha de Cozumel, que está a caminho, e trouxesse dali alguns espanhóis que um certo Valenzuela havia deixado isolados e que seriam mais de sessenta. Outro navio, que havia comprado, enviei à vila de Trinidad, na ilha de Cuba, para que carregasse carne, cavalos e gente e viesse o mais rápido possível. O bergantim que construí enviei à Ilha Espanhola com um criado meu levando uma carta para vossa majestade e outra aos licenciados que ali residem.

Segundo soube depois, nenhum destes navios chegou ao lugar para onde fora mandado. O que ia para Trinidad aportou em Guaniguanico e tiveram que caminhar cinqüenta léguas por terra até chegar à vila de Havana para buscar carga. Quando estes viram que foram os primeiros a chegar, me trouxeram novas, como a do navio que ia para Nova Espanha e que depois de apanhar os espanhóis em Cozumel fora dar na ilha de Cuba, numa ponta chamada de Sant Antón ou Corrientes, depois que se perdera numa tempestade em que morreram afogados um primo meu que ia por capitão, aqueles dois padres franciscanos que me acompanhavam e mais trinta e poucas pessoas. Os que se salvaram ficaram perdidos pelos montes e florestas e dos oitenta que chegaram a terra restaram com vida apenas quinze, que conseguiram chegar àquele porto. Só Deus sabe o que senti com esta perda, pois ali foram parentes, criados, armas, munições, mantimentos e as cartas que eu mandava. Os outros navios que iam à Jamaica e à Ilha Espanhola aportaram em Trinidad, na ilha de Cuba, onde eu havia deixado Alonzo de Zuazo por justiça maior. Encontraram naquele porto um navio que os licenciados da Ilha Espanhola enviaram à Nova Espanha para se certificar da notícia que corria por lá de que eu havia morrido. Escreveu-me o licenciado que na Nova Espanha estavam ocorrendo muitos escândalos e desordens e com a notícia de que eu havia morrido tinham saqueado a minha casa e fazenda e destituído aqueles que eu havia deixado por justiça. E que ele mesmo, Alonzo de Zuazo, também tinha sofrido as conseqüências desta notícia.

Pode imaginar vossa majestade o que eu senti com estas notícias, em especial em saber que o pagamento que davam aos meus serviços era saquear a minha casa. Embora eu deva a vossa majestade sessenta e tantos mil pesos de ouro, para aqueles eu não devo nada. Pelo contrário, eles é que me devem mais de cento e cinqüenta mil pesos de ouro. Fiquei então pensando no que deveria fazer. Pareceu-me que deveria me meter num navio e ir castigar tão grande atrevimento, pois até um governador que o capitão Pedro Arias enviou à Nicarágua havia se rebelado, como adiante relatarei mais detalhadamente. Por outro lado, doía-me deixar aquela terra que precisava tanto da minha presença, pois a minha saída representava perdê-la totalmente e tenho por certo que ela haverá de prestar muitos serviços a vossa majestade, vindo a ser uma outra Culúa. Tenho notícias de grandes e ricas províncias, em especial uma que se chama Hueitapalan e outra chamada Xucutaco, das quais há seis anos que tenho notícias e que devem estar a dez jornadas desta vila de Trujillo, o que representa cinqüenta ou sessenta léguas. Embora falte dois terços desta terra a serem descobertos, sabe-se que ela é tão rica e de tanta grandeza quanto o México. Estando nesta perplexidade, considerei que nenhuma coisa poderia ser bem feita sem ser pela mão do Movedor de todas as coisas. Mandei então rezar missa, fazer procissões e outros sacrifícios, suplicando a Deus que me encaminhasse pelo melhor caminho.

Depois de alguns dias meditando sobre o que fazer, decidi ir reparar aqueles erros que haviam cometido contra mim na Nova Espanha. Providenciei para que ficassem na vila trinta e cinco a cavalo e cinqüenta peões e com eles, por meu lugar-tenente, o meu primo Hernando de Saavedra, irmão de Juan de Avalos que morreu na nau que vinha a esta cidade. Depois de dar ordens sobre o melhor que fazer e de ter conversado com os senhores dali, embarquei no navio com meus criados e mandei a gente que estava em Naco que fosse por terra, seguindo o caminho de Francisco de las Casas, até onde estava Pedro de Alvarado, trajeto que já era muito sabido e seguro. Enviei também instruções sobre o que fazer na vila de Nossa Senhora. Estando já com a âncora levantada para partir, desabou um temporal que me impediu a saída. No outro dia, voltei para o navio e no caminho ouvi murmúrios dos que ali ficavam que iriam esperar minha saída para promover certos escândalos. Como o tempo ainda não estava bom, tornei a saltar a terra e providenciei logo no castigo àqueles que se rebelavam, deixando tudo pacificado. No terceiro dia, fez-se muito bom tempo e eu tornei a embarcar. Desta vez parti e já estava dobrando uma ponta do porto a duas léguas de distância, quando quebrou o mastro maior e fui obrigado a retornar. Esperei outros três dias para o conserto, ao final dos quais parti, novamente com muito bom tempo. Andei dois dias e uma noite, já tendo percorrido cerca de cinqüenta léguas quando quebrou o mastro do traquete e fui forçado, com enorme trabalho, a retornar ao porto, com o que demos graças a Deus, pois pensávamos que não escaparíamos daquela. Tanto eu como toda a gente viemos muito exaustos do mar e fomos descansar enquanto procediam ao conserto. Saindo um dia a caminhar, nesse meio tempo, pensei que Deus não era servido com a minha saída dali, pois três vezes me lançara ao mar e três vezes fora obrigado a recuar. Tornei a rezar missa, fazer procissões e sacrifícios. Decidi então ficar e enviar o navio à Nova Espanha e com ele um documento dando poderes a Francisco de las Casas, meu primo, para escrever aos conselheiros e oficiais de vossa majestade repreendendo-os por seus erros. Também mandei alguns índios principais junto para atestarem que eu não havia morrido, como haviam noticiado.

Depois de ter despachado o navio, não fiz nenhuma incursão terra adentro, pois ainda me sentia muito mal em função do que passáramos na última ida ao mar. Mandei então um capitão com trinta a cavalo e outros tantos peões, que penetrou até trinta e cinco léguas por aquelas terras, passando por um vale muito lindo e povoado, de muita abundância de todas as coisas que a terra dá e muito aparelhado para ali se criar todo gênero de gado e plantar toda e qualquer planta de nossa nação. Sem conflito algum com os da terra, mas apenas conversando com todos através dos intérpretes, o capitão percorreu em paz todo o seu trajeto. Conseguiu com que viessem a mim mais de vinte senhores de povoados principais e com mostra de boa vontade se oferecessem por súditos de vossa alteza, prometendo ser obedientes e leais e assim têm-se mantido até agora. Eles têm mantido sempre gente deles em minha companhia, indo uns e vindo outros, trazendo muitos mantimentos e fazendo tudo o que se pede. Queira Nosso Senhor que isto assim continue e eu acredito que continuará.

De todos aqueles povos vizinhos que inicialmente ofereceram seus serviços a vossa majestade, os de Papayeca e de Champagua foram os primeiros a se rebelar, tendo aproveitado o momento quando eu me lancei ao mar para a viagem que acabei não realizando. Quando eu voltei, tiveram algum temor e enviaram mensageiros a mim, embora nunca tenham vindo seus senhores. Mesmo assim, eles mantinham suas mulheres e crianças retirados às montanhas e os povoados sempre preparados para a guerra. Como os senhores nunca quiseram vir a mim, enviei para lá uma companhia com gente a cavalo e a pé. Ao chegar, eles prenderam um dos senhores principais, que são dois, sendo este chamado Pizacura. Perguntado por que não queria ser obediente, disse que teria ido falar comigo se não fosse a restrição do outro senhor, chamado Mazatl, que tem maior ascendência sobre o povo e que não queria de jeito algum obedecer aos espanhóis. Mas disse ainda este Pizacura que se nós o soltássemos ele trabalharia para que prendêssemos Mazatl e depois o enforcássemos, pois com isto sua gente ficaria pacificada e viria toda a prestar serviços a vossa majestade. Prendeu-se então o tal Mazatl, sendo aberto processo contra ele e condenado à morte, a qual foi executada pela forca, sendo um grande exemplo para os demais, tendo todos voltado para suas casas, exceto justamente aqueles de Papayeca. Depois de soltar Pizacura se abriu processo contra ele, se moveu guerra contra sua gente e se prendeu mais de cem, que se tornaram escravos. Resolvi então mandar trazer este Pizacura para o nosso povoado, juntamente com mais senhores de outros povoados que também andaram levantados, com a intenção de enviá-los à Nova Espanha. Pizacura acabou morrendo de enfermidade. Os outros dois estão bem e deverei enviá-los brevemente.

Neste meio tempo, chegou à vila de Trujillo um capitão com até vinte homens dos que eu havia deixado em Naco com Gonzalo de Sandoval e outros de companhia de Francisco Fernández, capitão que Pedro Arias Dávila, governador de vossa majestade, enviou à província da Nicarágua. Fiquei sabendo por estes que havia chegado a Naco um capitão de Francisco Fernández com até quarenta homens a pé e a cavalo, procedente do porto da baía de Sant Andrés, que vinha encontrar o bacharel Pedro Moreno, que os juízes que residem na Ilha Espanhola haviam enviado aquelas partes, conforme já relatei a vossa majestade. Este, segundo consta, havia escrito ao dito Francisco Fernández para que se rebelasse da obediência a seu governador, como haviam feito aqueles que foram deixados por Gil González e Francisco de las Casas. Tornei a despachar de volta aquele capitão e com ele mandei uma carta a Francisco Fernández e a alguns dos capitães de sua companhia que eu conhecia, repreendendo-os pela deslealdade que praticavam e mostrando-lhes como aquele bacharel os estava enganando, além de outras coisas que me parecia conveniente dizer-lhes. O capitão me alegou que eles estavam tomando aquela atitude por estarem muito longe de Pedro Arias Dávila, o qual não podia prover-lhes das coisas necessárias, e que aquele bacharel havia lhes dito que proveria tudo que eles precisavam e logo voltaria com muita gente e mantimentos. Escrevi-lhes então dizendo também que o dito bacharel poderia fornecer-lhes tudo que precisavam, porque, afinal de contas, ele também era súdito de vossa majestade como nós e deveria prestar serviços a todos que aqui estão. Mas isto não deveria implicar desobediência ao governador designado por vossa majestade. E como disseram que tinham muita necessidade de forragem para os cavalos e ferramentas em geral, lhes enviei um estoque do que eu tinha ali.

Depois de partirem, chegaram a mim alguns nativos da província de Huilacho, que dista sessenta e cinco léguas da vila de Trujillo, os quais já haviam se oferecido anteriormente como vassalos de vossa majestade, dizendo que haviam chegado às suas terras vinte espanhóis a cavalo e quarenta peões, com muitos índios de outras províncias, os quais estavam lhes fazendo grandes agravos, tomando-lhes as mulheres, os filhos e as fazendas. Como haviam se oferecido por meus amigos, rogavam que eu lhes ajudasse. Logo fiquei sabendo que aqueles que os estavam importunando eram gente de Francisco Fernández, que vinha sob o comando de um certo capitão Gabriel de Rojas. Despachei então com estes nativos um aguazil com gente a pé e a cavalo e com um mandado ao dito Gabriel de Rojas para que abandonasse aquela província e devolvesse toda a gente que havia tomado. Disse-lhe ainda que se precisasse de alguma coisa que me comunicasse que o proveria de bom grado. Soube logo em seguida pelos nativos que o dito Rojas havia atendido a minha carta, porém levara junto alguns índios. Com este capitão também enviei uma carta a Francisco Fernández, oferecendo-lhe tudo que eu tivesse, e encareci-lhe obediência a seu governador, com o que vossa majestade seria muito bem servido. Não sei o que depois sucedeu, mas soube pelo aguazil que mandei que neste mesmo tempo Gabriel de Rojas recebeu uma carta de Francisco Fernández em que este lhe pedia que fosse depressa juntar-se a ele, porque tinha dois capitães rebelados, porque souberam a ação que ele queria fazer contra seu governador. Bem pode vossa majestade perceber quanto dano resulta destas ações e destes conchavos feitos pelos que desobedecem as determinações daqueles que são os representantes designados por vossa alteza.

Eu estava prestes a ir à Nicarágua para colocar remédio a tudo que ocorria por lá quando chegou o navio que eu havia mandado à Nova Espanha. Trouxe um primo meu, frei Diego Altamirano, da Ordem de São Francisco, de quem eu soube dos desacertos, alvoroços e escândalos entre os oficiais que lá eu havia deixado, o que tornava imperiosa a minha volta para acalmar os ânimos e colocar tudo nos devidos lugares. Em vista disto, cancelei minha ida à Nicarágua e decidi retornar pela costa do Sul, onde Deus e vossa majestade foram muito bem servidos pelas muitas e grandes províncias que existem pelo caminho, principalmente aquelas onde está Pedro de Alvarado, que são Utlatán e Guatemala. Estas duas, no entanto, depois que se rebelaram por mau tratamento jamais se apaziguaram e estão fazendo muitos danos aos espanhóis que ali estão e aos nossos amigos que são seus comarcanos. Como a terra é muito áspera e há muita gente belicosa, inventaram muitos gêneros de defesa e armadilhas, principalmente para matar os cavalos. Assim, embora Pedro de Alvarado lhes mova guerra constantemente com mais de duzentos a cavalo, quinhentos peões e mais de cinco mil índios amigos, não tem conseguido atraí-los para o serviço de vossa majestade. Pelo contrário, cada dia se reforçam mais, com maior número de gente que chega para aliar-se a eles. Creio que Deus Nosso Senhor será servido se eu for por ali para, por amor ou por outra maneira, tentar atraí-los ao serviço de vossa majestade. Pois assim já ocorreu em outros lugares onde os índios se rebelaram na minha ausência e quando cheguei consegui conquistá-los. Os casos mais recentes são os de Coatlán e Coazacoalco.

Já relatei a vossa majestade sobre algumas pequenas ilhas situadas defronte ao porto de Honduras, que chamam de Guanajos. Algumas delas estão despovoadas devido às incursões que os espanhóis têm feito lá para tomar aquela gente como escravos. Soube que das ilhas de Cuba e da Jamaica haviam novamente preparado armada para arrasar com aquelas pequenas ilhas e levar toda aquela gente por escrava. Enviei então uma caravela até as ilhas para buscar aquela armada e requerer em nome de vossa majestade que não façam danos aos nativos, principalmente porque eu já havia conseguido atrair alguns deles que haviam passado para a terra e isto facilitaria a conquista dos demais. A caravela que enviei chegou à ilha chamada Huitila e topou com a armada de que era capitão Rodrigo Merlo. O capitão que eu enviei conseguiu convencê-lo a liberar aquela gente que ali havia tomado e só não investiu contra ele porque ele tinha licença do governador de Cuba. E assim, enquanto o dito capitão Merlo ia embora, o capitão que eu enviei se estabelecia como vizinho e amigo do pessoal da ilha.

Conhecendo estes senhores a boa obra que eu lhes havia feito e tomando conhecimento com os seus comarcanos que haviam vindo para a terra sobre como eu lhes tratava bem, vieram até onde eu estava agradecer-me e se oferecer por vassalos e súditos de vossa majestade. E me pediram que eu determinasse o que deveriam fazer para nos servir. Pedi-lhes então que fizessem muitas lavouras em suas terras, porque, na realidade, esta é a única coisa que eles sabem fazer. E pediram ainda que eu deixasse pelo menos um espanhol em cada uma daquelas pequenas ilhas. Pela brevidade de minha partida não pude providenciar, mas deixei o tenente Hernando de Saavedra encarregado disto.

  Dada ordem naquelas vilas que em nome de vossa alteza deixei povoadas, com enorme dor e pena por ter que deixá-los, parti com três navios a 25 de abril, seguindo meu caminho pelo mar e encontrei tão bom tempo que em quatro dias cheguei até cento e cinqüenta léguas do porto de Chalchicuela. Ali encontrei um vendaval muito forte que não me deixou ir adiante. Aguardei ali um dia e uma noite, mas foi tão forte o temporal que danificou os navios, o que me forçou a descer no porto de Havana, na ilha de Cuba, onde encontrei muitos amigos dos tempos em que ali vivi. Tive que esperar dez dias pelo conserto dos navios, tendo aproveitado para comprar um outro navio que ali encontrei. Enquanto eu aguardava o conserto dos navios, chegaram ao porto de Havana três navios procedentes da Nova Espanha, que me contaram como a terra estava muito pacificada e segura depois que morrera o fiscal de vossa majestade que tinha sido instigador de algumas intrigas. Dali escrevi a vossa majestade, embora fosse um breve relato, e parti aos 16 dias do mês de maio e em oito dias cheguei ao porto de Chalchicuela. Peguei mau tempo na chegada e tive que ficar a duas léguas do porto. Mesmo assim, apanhei uma canoa e desci à terra, indo até a vila de Medellín, que fica a quatro léguas do porto. Fui até a igreja dar graças ao Senhor e despachei mensageiros por todas as vilas dos arredores dando conta de minha chegada. Permaneci onze dias naquela vila, tendo recebido muitos senhores das comarcas vizinhas. Dali parti para esta cidade, estando quinze dias pelo caminho, onde mantive contato com muita gente dos povoados por onde passava. Gente que caminhava até oitenta léguas para me encontrar e contar suas aventuras e desventuras, principalmente os trabalhos que passavam em minha ausência.

    Chegando a esta cidade, os espanhóis e os naturais dela me receberam com tanta alegria e regozijo como se eu fosse seu pai. Fui direto ao mosteiro de São Francisco dar graças a Deus por me ter livrado de tantos e tão grandes perigos e ter encontrado a terra em tanto sossego e tranqüilidade. Fiquei seis dias ali com os frades dando conta a Deus de minha culpa. Dois dias antes de eu sair dali, chegou um mensageiro me avisando que haviam chegado ao porto de Medellín certos navios trazendo um juiz mandado por vossa majestade. Como não sabia a que vinha, imaginei que vossa majestade, sabendo de certos distúrbios que haviam ocorrido por aqui em minha ausência, o havia mandado para tomar providências. Mandei um emissário para o receber e o hospedar em lugar conveniente. Outro dia, chegou outro emissário trazendo uma carta do juiz e outra de vossa majestade, na qual vossa alteza me nomeava governador destas terras. Foi imensa a felicidade que vossa majestade me proporcionou ao conceder esta graça e honra, pelo que cem mil vezes eu beijo vossos reais pés e vossas reais mãos. E rogo que Deus Nosso Senhor seja servido com a graça que me concede.

    Na outra carta o juiz Luis Ponce me comunica que assumia como juiz de residência e comunicava que estava saindo para cá. Como há dois caminhos e ele não indicou por qual viria, mandei criados meus pelos dois para recebê-lo e acompanhá-lo, mostrando a terra. Foi tão rápida a vinda deste juiz, que embora eu tenha mandado logo os meus criados foram recebê-lo quando já estava a apenas vinte léguas desta cidade. Embora tenha se mostrado satisfeito com a chegada dos mensageiros, dispensou sua ajuda, mostrando ser um homem justo que não queria se aproveitar de seu ofício. Dormiu a duas léguas desta cidade e pediu que eu não saísse no outro dia porque chegaria e viria almoçar comigo. Ele madrugou tanto que ainda que eu me apressasse já o encontrei dentro da cidade. Nos dirigimos logo para o mosteiro de São Francisco, onde ouvimos missa. Terminada a missa, perguntei a ele se queria apresentar suas credenciais ali mesmo, aproveitando que estavam reunidos comigo o cabildo da cidade, o tesoureiro e o contador de vossa majestade. Mas ele não quis, disse que outro dia apresentaria. E assim foi feita uma reunião de todos em outra ocasião, quando ele mostrou o documento de nosso rei e senhor natural, o qual foi obedecido e respeitado por todos aqui. Embora ele viesse para assumir minha residência, conforme foi apregoado no edital em que ele assumia seu cargo, permaneci nela por dezessete dias sem que ele me fizesse qualquer demanda. Neste tempo, o dito juiz de residência Luis Ponce adoeceu juntamente com todos os demais que vieram em sua companhia[63]. Desta enfermidade quis Nosso Senhor que morresse ele e mais trinta que o acompanhavam, ficando os outros ainda muito enfermos e em perigo de morte, devido a esta peste que eles trouxeram consigo e que acabou atingindo os daqui, tendo matado também dois dos que aqui estavam.

Logo que o dito Luis Ponce passou desta vida para a outra, tendo sido feito seu enterro com as honrarias de sua autoridade, como bem merecia uma pessoa enviada por vossa majestade, o cabildo desta cidade e os procuradores de todas as vilas vizinhas me pediram por parte de vossa majestade que eu juntasse ao meu cargo de governador o de justiça, como tinha anteriormente. Embora a insistência de todos e os argumentos usados, eu me neguei a aceitar e tenho me negado até agora, embora eles tenham mostrado os inconvenientes que existem em não aceitar o pedido. Porém, desejando que vossa majestade tenha plena certeza de minha limpeza e fidelidade em seu real serviço, tenho me negado a aceitar. Resolvi inclusive nomear para o cargo Marcos de Aguilar, a quem Luis Ponce tinha como alcaide maior. Este, no entanto, também se negou a aceitar o cargo, dizendo que não tem poder para tal. Minha preocupação é prestar serviços e dar contas a vossa majestade, a quem humildemente suplico que não deixe que pairem dúvidas sobre o que aqui tenho feito. Para alcançar tudo que tenho conseguido para vossa majestade, muitos trabalhos e riscos de vida tenho passado e não têm faltado indivíduos maldosos para tentar fazer cair por terra todo este serviço. Não quero de vossa majestade pagamento algum por meus serviços que não seja o da defesa de minha honra.

Pelo que tenho sentido, mui católico príncipe, muita gente tem posto alguma neblina ou obscuridade ante os olhos de vossa majestade, chegando a acusar-me de *crimine lesae majestatis*. Dizem que eu não tenho obedecido a seus reais mandamentos e que atuo nesta terra em seu poderoso nome de forma tirânica e inefável, dando para isto algumas depravadas e diabólicas razões. Tenho certeza que os juízes de vossa majestade hão de comprovar que não há ordem de vossa majestade que eu não tenha cumprido e que tudo não passa de calúnia e difamação. Não fosse assim eu não teria saído a seiscentas léguas desta cidade, caminhando por terras até então não trilhadas, por meio aos mais diversos perigos de vida, tendo deixado nesta cidade oficiais de vossa majestade encarregados de manter o zelo em nome de vossa alteza. É bem verdade que eles não corresponderam ao crédito que receberam, mas isto não foi minha culpa, porque eu lhes dei poder para agir em nome de vossa alteza.

Outra coisa que têm me acusado é de que tenho a maior parte destas terras para mim, me servindo e aproveitando delas, de onde se tem extraído grande quantidade de ouro e prata. Que tenho feito fortuna e ainda por cima gastado sessenta e tantos mil pesos de ouro de vossa católica majestade sem necessidade. E mais, que não tenho enviado o ouro e as rendas que formam a parte de vossa majestade. Quanto a ter a maior parte da terra, isto é verdade, pois a tenho conquistado para o reino de vossa majestade, aumentando seu real patrimônio. Quanto à quantidade de ouro e prata, digo que não há o bastante para que eu deixe de ser pobre e deixe de estar endividado com mais de quinhentos mil pesos de ouro, sem ter um castelhano com que pagar, pois se muito ganhei, muito gastei com trabalho, riscos e perigos para ampliar o reino de vossa majestade. Olhando os livros, encontraram o registro de mais de trezentos mil pesos de ouro que foram gastos de minha casa para o trabalho da conquista. Além disto, embora esteja aqui há pouco tempo, acredito que daqui se tem enviado mais coisas e se tem prestado mais serviços a vossa majestade do que de todas as demais ilhas e terras firmes que há trinta e tantos anos estão descobertas e povoadas, as quais custaram aos católicos reis muito mais do que esta terra tem custado. Lembra vossa majestade que na primeira remessa que fizemos desde esta terra e que foi levada a vossa majestade por Alonso Hernández Portocarrero e Francisco de Montejo, não remetemos apenas o quinto, mas tudo que havíamos conquistado. Embora muitos quisessem ficar com algumas das jóias aqui encontradas, mandamos tudo, o que somou mais de quinhentos mil pesos de ouro. Depois disto, sempre continuamos mandando o quinto. Não foi minha culpa que algumas destas cargas enviadas não tenham chegado ao destino, como foi o caso dos trinta e três mil pesos em barras de ouro que seguiram com Julián Alderete e foram tomados pelos corsários franceses. A culpa evidentemente foi daqueles que não deram a proteção à nau na Ilha dos Açores. E por terem os franceses levado as jóias que eram de vossa majestade, enviei posteriormente outras que haviam ficado para mim, para que vossa alteza não ficasse sem. Em outra ocasião, quando soube das necessidades que vossa majestade enfrentava em função dos gastos com as conquistas, enviei trinta e cinco mil pesos de ouro além do limite que se estabelecera para ser carregado em um navio. Se descumpri a lei alguma vez foi para bem servir vossa majestade. Mesmo em minha ausência os oficiais continuaram enviando ouro, de modo que nunca se deixou de remeter.

Além disto tudo, agindo nesta parte como governador designado por vossa alteza, não só aumentei o patrimônio e domínio de vossa sacra majestade, colocando sob jugo enormes províncias e nobres cidades, como ainda eliminei inúmeras idolatrias e ofensas a Deus Nosso Senhor, fazendo ainda espalhar por estas partes nossa sagrada fé católica. Todavia, peço a vossa alteza, a quem anseio por pessoalmente os pés e as mãos beijar, que se não quiser mais manter-me na governança destas terras, que deixe para mim pelo menos a posse do que tenho em meu nome, para que não precise mendigar o que comer e nem tampouco os meus filhos e netos fiquem sem ter onde morar.

Estando, mui católico senhor, fazendo este despacho para vossa sacra majestade, chegou um mensageiro dando conta de que atracou na costa do mar do Sul, próximo ao povoado de Tacoantepeque, um navio que fora às Ilhas Molucas e que tem no comando o capitão Loaisa. Como fiquei sabendo que ele escreveu a vossa majestade, não faço relato da viagem do mesmo. Apenas ressalto que enviei gente minha para servir ao dito capitão e atendê-lo em tudo que precisava. Também enviei um piloto para que o trouxesse ao porto de Zacatula, onde tenho três navios a ponto de partir por aquelas partes, a fim de fazerem novas descobertas e conquistas para vosso reino. Já relatei a vossa majestade que estava preparando os navios na costa do Sul e só não os lancei ao mar porque estou esperando artilharia e munição, para que possam sair bem protegidos. Como não encontrei ainda um estreito ligando os dois mares, decidi enviar os navios às ilhas das Especiarias. Se vossa majestade me conceder a honra, eu me disponho a descobrir por aqui todo o caminho às ilhas das Especiarias e a outras como Molucas, Malaca, China, para que os nativos daquelas terras venham a servir a vossa alteza e ao Nosso Senhor. Tanto posso enviar uma armada como ir pessoalmente conquistar e povoar aquelas ilhas para vossa majestade. Concedendo-me o pedido, será vossa majestade muito bem servido, e se não o for pode mandar me castigar como merecer.

Depois que retornei para esta cidade, tratei de mandar gente por terra e por mar a povoar a área do rio de Tabasco, que também chamam de Grijalva, bem como conquistar muitas províncias pelas proximidades, porque a gente dali tem estado muito revoltada, tendo matado muitos espanhóis que chegam em navios. Também enviei três capitanias à província dos Zapotecas, para acabar com os danos que os nativos dali têm feito aos outros que são nossos amigos. Também já reuni grande número de pessoas para ir povoar a zona do rio das Palmas, que fica no norte, abaixo do rio Panuco, em direção à Flórida. Entre a costa norte e a província de Mechuacán há um povo chamado Chichimecas, que é bárbaro, e para lá estou enviando sessenta a cavalo e duzentos peões com muitos índios nossos amigos, para descobrir os segredos daquela província e trazê-la para os serviços de vossa majestade. Levam instrução para atrair esta gente a vosso serviço e à nossa fé ou então tomá-los como escravos e aproveitá-los para a extração do ouro das minas que por lá existem. Antes de partir para o golfo de Higueras, havia enviado um capitão para a vila de Colimán, que está no mar do Sul, a cento e quatro léguas desta cidade. Pedi-lhe que fosse daquela vila para baixo mais umas cento e cinqüenta ou duzentas léguas. Ele foi até cento e trinta léguas, me trazendo o relato de que passou por muitos rios, encontrando pela costa muitos lugares adequados para porto. Encontrou muitos povos de guerra e terminou sua viagem em um grande rio, que parece ter muitos segredos. Tomei a enviá-lo com mais gente e aparelhos de guerra para desvendar os segredos daquele rio.

Todos os capitães de entradas que tenho aqui já partiram ou estão para partir para os mais diversos locais destas terras e queira Nosso Senhor guiá-los para que consigam prestar cada vez mais serviços a vossa majestade. Quanto a mim, só quero continuar a servir vossa alteza com lealdade e dedicação e não quero outro pagamento para meus filhos que não seja o reconhecimento destes serviços.

Invictíssimo César, que Deus Nosso Senhor conserve sua vida, dando-lhe muita saúde e muito poder por longo e longo tempo. Da cidade de Tenochtitlán, a 3 de setembro de 1526 anos.

Hernan Cortez

NOTAS

1 – Cuba.

2 – Bernal Diaz del Castilo diz, em sua *Verdadeira história de la conquista de Nueva España,* que a 8 de fevereiro de 1517 saíram de Havana e navegaram para o porto de Jaruco e em 4 de março do mesmo ano os espanhóis da expedição de Fernández de Córdoba trataram pela primeira vez com os índios de Yucatán, que haviam descoberto, tendo surgido na Ponta Catoche.

3 – Chamaram a este cabo de Ponta de Cotoche ou de Catoche, porque segundo Diaz del Castilo, um cacique não dizia outra coisa a não ser: *Con escotoch, con escotoch,* o que quer dizer: "Venham aqui a minhas casas".

4 – A terra descoberta foi Campeche e por terem saltado à terra num domingo dedicado a Lázaro deram este nome ao senhor dela.

5 – O atual Haiti.

6 – O clérigo Juan Díaz, que foi testemunha e relator da expedição de Juan de Grijalva ou Grijalba, diz que no sábado 1º de maio de 1518 saíram da Ilha Fernandina (Cuba) e na segunda-feira seguinte, 3 de maio, estavam frente à Ilha de Cozumel, à qual puseram o nome de Santa Cruz em razão da festividade. Na sexta-feira, 7 de maio, começaram a descobrir de novo a Yucatán.

7 – Esta expedição era a de Nicuesa, que teve lugar em 1511.

8 – Era náufrago da já citada expedição de Nicuesa.

9 – Eram Yucatán e Campeche as áreas em que mais propriamente viviam os *mayas,* cujas tribos eram na época do descobrimento da América as que haviam alcançado o mais alto grau de cultura, superior mesmo à asteca do México e inca do Peru. Viviam principalmente de milho, eram hábeis no trabalho com colméias e na tecelagem de algodão. As tintas com que tingiam as plumas e tecidos eram luxuosas e permanentes. Os *Libros de Chilam-Balam* – pois utilizavam a escritura fonética – nos colocam em conhecimento de sua mitologia e tradições.

10 – Pumas e jaguares.

11 – A Sierra Madre oriental, na grande cadeia mexicana, na qual o Pico de Orizaba (5.747m) é o principal.

12 – Eram pedras de obsidiana – vidro vulcânico feldspático acompanhado de bastante silício –, pedra negra de brilho vítreo intenso, por cuja razão se chamou também *espelho dos incas.*

13 – Trata-se da primeira carta de Cortez, hoje perdida.
14 – Cortez dirigiu esta sua carta ao imperador Carlos I da Espanha e V da Alemanha.
15 – Ocupavam a grande cadeia mexicana ou do *Anahuac* certas tribos astecas ou *nahiatl* formando a célebre *Confederação Asteca*, chamada comumente Império de Montezuma ou Mexicano. A confederação era formada por *Tenochtitlán* (hoje México), *Tlacopán e Tezcuco*. A capital era Tenochtitlán, colocada estrategicamente no centro de um lago (o de Tezcuco) do vale do México. Anos antes da conquista de Cortez, a confederação havia subjugado e tornado tributários diversos territórios entre o Pacífico e o Atlântico, indo para o sul até a Nicarágua. A principal ocupação dos mexicanos era a guerra e quatro quintos do botim tocava a Tezcuco e México, ficando o restante – um quinto – com Tlacopán.
16 – A Confederação Asteca, em vez de manter guarnições nos povoados conquistados e submetidos a seu domínio, se limitava a impor aos vencidos altas prestações e tributos. Os tributários estavam obrigados a fornecer homens e armas para a guerra e a sustentar, ao acampar em seu território, as tropas da confederação. Os conselhos das tribos dominadoras nomeavam *calpixquis* – agentes coletores – que recolhiam dos vencidos o tributo em milho, tecido, cerâmica, mulheres, escravos etc.
17 – O sal era abundante em Ixtapaluca e Ixtapalapa, ou seja, locais de sal; *de ixtatl,* sal.
18 – Hoje Tlascala ou Tlaxcallan.
19 – Esta índia é a célebre dona Marina de Viluta, que, conforme Gómora assegura, foi de nobre linhagem, nascida em Jalisco e levada cativa a Tabasco. Cortez a encontrou em Putunchan ou Potonchan (Tabasco). Foi concubina de Cortez e o ajudou grandemente em sua empreitada.
20 – Cholula.
21 – Cortez refere-se ao vulcão de Popocatepetl ("a montanha que fumega"), de 5.420m de altura, que faz parelha com Iztaccihuatl ("a mulher que dorme"). Consideravam este como a mulher do primeiro.
22 – Tenochtitlán, hoje cidade do México.
23 – Então capital de Confederação Asteca e hoje cidade do México.
24 – Os mexicanos faziam a guerra com freqüência não só para obter mantimentos, como também vítimas humanas para os sacrifícios e rituais de sua religião.

Todos os homens úteis da tribo eram guerreiros. As armas eram guardadas em parques *(Tlacochalco)* anexos ao templo *(Teocalli)* e eram da comunidade.

Havia graus militares diversos e ainda os chefes de clã ou linhagem ou chefes ilustres dos quatro *calpulli* em que estava dividido o México. O chefe superior era o *Tlacalecuhli* (chefe de homens), cuja autoridade estava limitada por um conselho supremo tribal *(Tlacopan)* e por um chefe civil co-soberano. O tlacalecuhli era eleito de um clã determinado e o cargo era vitalício, embora pudesse ser exonerado ou deposto. Montezuma era tlacalecuhli, porém não era imperador nem rei como acreditavam os espanhóis. A campanha era sempre decidida por um conselho tribal e era proclamada nos teocallia através de tambores enormes de lúgubre soar. Os cativos eram subjugados com tacos de madeira ou cortando-lhes os tendões dos pés, sendo levados ao México para serem posteriormente sacrificados aos deuses.

25 – É o cacau.

26 – A organização social asteca ao tempo da conquista por Cortez era a seguinte:

A sociedade mexicana, tribal e de organização comunista, era uma democracia militar, na qual todo cargo vinha sendo eletivo. A tribo estava formada por vinte linhagens ou clãs *(calpullis)* – grupo de pessoas aparentadas – agrupados em quatro fratrias. Cada calpulli tinha seus *totem,* sacerdotes, ritos, templos etc. próprios.

O governo superior se vinculava no Conselho Tribal *(Tlacocán* ou lugar de discursos), em que cada calpulli estava representado por um porta-voz ou *tlaotani.* Suas faculdades eram extraordinárias e só ele decidia sobre a paz e a guerra.

Havia dois chefes supremos. Um chefe militar, o *Tlacatecuhli*, cargo que desempenhava Montezuma, e um chefe civil, *cihua-cohuatl* (ou serpente fêmea), em quem, além de ser o lugar-tenente do primeiro e juiz supremo, residia o poder executivo. O *tlacatecuhli* ou chefe de homens possuía ao mesmo tempo caráter sacerdotal e em sua eleição era solenemente ungido no templo principal do deus da guerra.

27 – Nas artes mecânicas era grande o adianto das *tribos nahuatl.* Foram surpreendidos no apogeu da idade do bronze. Eram habilíssimos ourives e oleiros, com fino sentido do gosto e da magnificência.

28 – A população exata de Tenochtitlán é ainda assunto polêmico. Avaliada em cem mil habitantes pelos cronistas da conquista, era

seguramente bem superior a isto. O francês Jacques Soustelle, um dos maiores especialistas modernos no assunto, assegura que "a capital asteca contava seguramente com mais de 500 mil habitantes e provavelmente menos do que um milhão".

29 – A cidade do México estava dividida em quatro bairros, em cada um dos quais viviam em comum os membros de um *calpulli* ou grupo de famílias aparentadas.

30 – O mercenário frei Bartolomé de Olmedo.

31 – Ao marchar contra Narváez, Cortez deixou Alvarado como lugar-tenente no México ou Tenochtitlán. O dia em que os mexicanos dedicam a *Tez calipoca* para obter uma boa colheita e no qual não fazem mais que um baile ritual, foi interpretado por Alvarado como uma provocação de guerra, tendo se lançado com os seus contra os indígenas, fazendo neles uma espantosa carnificina. Assim se originou a grave rebelião que Cortez encontrou no seu retorno.

32 – Uma vez preso Montezuma, o conselho tribal ou *tlacotan* o depôs e elegeu em seu lugar Cuitlahuac, seu irmão. O novo chefe de homens decidiu lutar contra os espanhóis até expulsá-los. Não sendo Montezuma mais chefe de homens, os astecas o destituíram, pois os estava exortando quem já não tinha mais autoridade para tal.

33 – Para que se compare esta saída do México pelo Nordeste, na chamada *Noite Triste,* com a entrada que Cortez fez pelo Sul, convém recapitular agora – tal como seja possível reconstituir com os dados existentes – a entrada triunfal de Cortez em Tenochtitlán. Na segunda-feira 7 de novembro, Cortez saiu de Iztapalapan ou Istapalapa com seu exército em ordem de guerra: a cavalaria à frente, precedendo aos arcabuzeiros e balisteiros, a bagagem ao centro com a custódia dos aliados tlaxcaltecas; depois os soldados com escudos e espadas, o restante da artilharia e na retaguarda os índios. Os castelhanos levavam bandeiras desfraldadas e tocavam tambores em tom solene para atemorizar os mexicanos. O exército percorreu a calçada de Iztapalapan, de duas léguas de longitude, em cujos lados os contemplavam milhares de índios, que os acompanhavam desde o lago em suas canoas. O espetáculo era de uma magnitude sem igual. A calçada de Iztapalapan se comunica com a de Coyoacán no lugar onde se erguia o *Oihuateocall,* o templo da deusa Toci (Mãe da Terra). Foi neste templo que se encontraram Cortez e Montezuma. Este, ao aproximarem-se os castelhanos, saiu com os reis e grandes senhores que com ele se encontravam no México,

conduzido por quatro nobres em uma luxuosa liteira, coberta de ricas mantas, com muito aparato de flores e outros presentes e riquezas com que iam obsequiar os castelhanos. Chegados a Tocititlán (o lugar do templo de Toci), esperaram Cortez. Quando este chegou, Montezuma desceu do andor e foi coberto pelos quatro senhores com um manto riquíssimo, com grandes trabalhos em ouro e pedras preciosas, as *Chalchihuitl,* que pendiam umas das outras em extraordinários bordados, além de muita plumagem, segundo a descrição que é feita por Bernal Diaz. Cortez desceu do cavalo e tentou abraçar Montezuma, mas foi impedido pelos senhores, pois este era uma espécie de divindade que não poderia ser tocada e existiam os que nem sequer ousavam olhar o seu rosto.

Cortez entrou na cidade com o braço sobre um dos irmãos de Montezuma, e este, por sua vez, também colocava o braço sobre um outro que ia um pouquinho mais à frente. À frente deles iam bailados, danças e outras festividades. Saíram ao seu encontro sacerdotes com incenso e sinetas, todos em fila com seus trajes de cerimônia. Também foram os guerreiros águias e tigres – com armaduras de pele dos ditos animais – com seus macanás e escudos. A comitiva seguiu até o palácio de Axayacatl, onde se alojou o exército de Cortez, enquanto que Montezuma tomou para sua habitação uma antiga casa que ficava em frente e que pertencera a seu antepassado do mesmo nome.

34 – Tepeyacac.

35 – Oaxaca.

36 – A varíola não era enfermidade conhecida dos indígenas até que se colocaram em contato com os espanhóis. Provavelmente foi levada ao México por um negro de Narváez.

37 – Ou Coathlinchan e Huexothla, respectivamente.

38 – Ou seja, Coathlinchan, Huexothla e Atengo, mais tarde Tenango Tepopula.

39 – Com a deposição e morte de Montezuma, o *tlatocan,* o Conselho Tribal, elegeu a seu irmão Cuitlahuac para chefe de homens. Cuitlahuac foi quem expulsou Cortez da cidade do México.

40 – Tizayuca ou Tenayucan.

41 – Tacuba – Tlacupa em mexicano – foi cabeça dos tecpanecas, subjugada mais tarde por Ahuit.

Quando ante os ataques dos mexicanos – mandados por Cuitlahuac – Cortez decidiu evacuar Tenochtitlán, escapando pelo Nordeste, na famosa jornada da *Noite Triste,* e passou para Tacuba, não sem escapar de assalto no desfiladeiro próximo a Tolteocalli, onde hoje se ergue a igreja de São Hipólito. Ao amanhecer se refugiou no morro de Totoltepec, hoje santuário de Nossa Senhora dos Remédios.

42 – Othomites, próximos ao México e a seu poente.

43 – Huitcilopocthli, primeiro caudilho dos mexicanos, deus da guerra e senhor principal do México.

44 – A varíola, importada pelos espanhóis, havia produzido no México grandes estragos. Cuitlahuac morreu dela e em seu lugar fora nomeado chefe de homens seu sobrinho Quauhtemoc, agora rendido. Aqui terminou a temível Confederação Asteca.

45 – Ou Michoacán (terra de pescado), fronteira dos chichimecas.

46 – Ou seja, o oceano Pacífico.

47 – Ou Huaxacac, hoje Oaxaca.

48 – Sinais claros de matriarcado.

49 – A notícia da tomada do México se estendeu rapidamente pelo território asteca, cujos chefes tribais se apressaram a solicitar alianças com o capitão castelhano. Cortez enviou soldados seus para explorar Michoaeán, no afã de encontrar um estreito que facilitasse o caminho ao Cathay. Alvarado e Sandoval percorreram também os territórios zapotecas de Tuxtepec, o litoral do golfo até Coatzacoalcos e as vizinhanças de Usumaeinta (no estado de Tabasco). Os exploradores fundaram a vila do Espírito Santo.

50 – No mapa que o piloto Domingo del Castillo traçou por ordem de Cortez, está delineada toda a costa do mar do Sul – hoje Pacífico – do golfo de Tehuantepec até a desembocadura do rio Colorado na Califórnia. Destacam-se os portos de Colima, Escondido, Xalisco, Chimetla e outros na costa californiana, de onde parece lícito deduzir que Cortez teve notícias dos territórios de Sinaloa, Sonora, Pirneria, Novo México e da península da Califórnia até o rio Colorado, que o piloto chamou de Bom Guia. Os índios pescavam muita pérola no golfo da Califórnia.

51 – Apenas apaziguada a questão de Garay, Cortez reiniciou suas explorações guiado pelo desejo imperioso de encontrar um estreito que levasse ao mar do Sul. Enviou primeiro Cristóbal de Olid, porém este, depois de fundar em Honduras o povoado de Triunfo da Cruz, se rebelou com o descobrimento. Para castigar sua traição, Cortez – após as mais diversas vicissitudes – se lançou a caminho, acompanhado de sua intérprete e concubina dona Marina. A expedição foi cheia de tropeços. Em Acalán (onde chegaram em março de 1525) Cortez enforcou, por suposta traição, Quauhtemoc, que o vinha acompanhando desde o México, juntamente com outros astecas.

52 – Cerca de um mês antes da saída de Olid para a conquista de Honduras, Cortez enviou Pedro de Alvarado para que conquistasse a Guatemala. Alvarado, ajudado pelo chefe tribal Tehuantepec, entrou por Soconusco no território dos quiches e cakshiqueles (maias). Em *Uclatán,* povoado principal dos quiches, condenou à fogueira certos chefes que tramaram uma conspiração. Cortez teve que enviar reforços para fazer frente aos cakshiqueles. Logrou por fim apoderar-se de Mixco, penetrar pelo vale de Zacatepec e dominar extensos territórios. Alvarado fundou San Salvador e Santiago de los Caballeros.

53 – Acabado o Tenochtitlán asteca, Cortez restabeleceu o cargo de cihua-cohuatl, ou chefe civil, reservando para si o de chefe de homens. Empossou um cabildo formado por conquistadores e entre as muitas coisas que fez estabeleceu três mercados.

54 – O mercado dos nativos era em Santiago Tlatelolce e o dos espanhóis na pracinha do Voador, diante do palácio dos senhores vice-reis.

55 – Eram as minas de zinco de Tasco.

56 – Extraiu enxofre da cratera do vulcão de Popocatepetl. Parece que se chamava Francisco Montano o espanhol que obteve tal privilégio.

57 – Foi desarmado o porto da velha Vera Cruz e transferido para San Juan de Ulúa, ou Vera Cruz nova.

58 – Foi seu apresador o corsário francês Florín.

59 – Em função destes requerimentos os papas Leão X (1521) e Adriano VI (1522) outorgaram bulas aos religiosos da Ordem de São Francisco. Foram à Nova Espanha frei Juan de Taito, que morreu na malfadada expedição de Cortez a Honduras. A ordem fundou no México o convento ou igreja de São Francisco, enquanto Tepetlaxtoc coube à ordem dos dominicanos.

60 – A situação era a seguinte: Pedrarias de Ávila havia enviado distintas expedições exploratórias ao mar do Sul, em uma das quais Pascual de Andagoya traçou vagas idéias sobre um país que chamaram Birú ou Pirú. Gil González Dávila havia construído alguns navios e saído do Panamá (janeiro de 1522) até entrar por terra nos domínios do cacique Nicarao, do que tomou nome a atual Nicarágua, explorando seus grandes lagos Nicarágua e Manágua. Em 1524, Cortez enviou Cristóbal de Olid, o qual, apenas desembarcado em Honduras, fundou o povoado de Triunfo da Cruz e soube prescindir de Cortez. Inteirado da traição, Cortez enviou

um pequeno exército para dominá-lo, sob o comando de Francisco de las Casas, o qual naufragou nas costas de Honduras e se viu obrigado a pedir clemência ao rebelde.

Gil González Dávila, que por sua parte pretendeu disputar Honduras a Olid, foi por este derrotado e feito prisioneiro. Las Casas e González Dávila se entenderam e por acerto com Cortez assassinaram a Olid. Las Casas foi o fundador da cidade de Trujillo.

61 – Inteirado do naufrágio de Las Casas e desejoso de não deixar a traição de Olid sem o devido castigo, Cortez empreendeu por terra sua expedição a Honduras, que não foi de todo afortunada.

62 – Muitos espanhóis pereceram nesta expedição, seja de fome, seja de febre, e entre eles frei Juan de Tecto, um dos três primeiros franciscanos desembarcados na Nova Espanha, o qual morreu "abraçando-se a uma árvore de curar fraqueza".

63 – Houve então suspeitas sobre se Cortez não poderia ter sido culpado da doença e morte do juiz Luis Ponce.

Coleção L&PM POCKET (lançamentos mais recentes)

528. **O diamante do tamanho do Ritz** – Scott Fitzgerald
529. **As melhores histórias de Sherlock Holmes** – Arthur Conan Doyle
530. **Cartas a um jovem poeta** – Rilke
531(20). **Memórias de Maigret** – Simenon
532(4). **O misterioso sr. Quin** – Agatha Christie
533. **Os analectos** – Confúcio
534(21). **Maigret e os homens de bem** – Simenon
535(22). **O medo de Maigret** – Simenon
536. **Ascensão e queda de César Birotteau** – Balzac
537. **Sexta-feira negra** – David Goodis
538. **Ora bolas – O humor de Mario Quintana** – Juarez Fonseca
539. **Longe daqui aqui mesmo** – Antonio Bivar
540(5). **É fácil matar** – Agatha Christie
541. **O pai Goriot** – Balzac
542. **Brasil, um país do futuro** – Stefan Zweig
543. **O processo** – Kafka
544. **O melhor de Hagar 4** – Dik Browne
545(6). **Por que não pediram a Evans?** – Agatha Christie
546. **Fanny Hill** – John Cleland
547. **O gato por dentro** – William S. Burroughs
548. **Sobre a brevidade da vida** – Sêneca
549. **Geraldão (1)** – Glauco
550. **Piratas do Tietê (2)** – Laerte
551. **Pagando o pato** – Ciça
552. **Garfield de bom humor (6)** – Jim Davis
553. **Conhece o Mário?** vol.1 – Santiago
554. **Radicci 6** – Iotti
555. **Os subterrâneos** – Jack Kerouac
556(1). **Balzac** – François Taillandier
557(2). **Modigliani** – Christian Parisot
558(3). **Kafka** – Gérard-Georges Lemaire
559(4). **Júlio César** – Joël Schmidt
560. **Receitas da família** – J. A. Pinheiro Machado
561. **Boas maneiras à mesa** – Celia Ribeiro
562(9). **Filhos sadios, pais felizes** – R. Pagnoncelli
563(10). **Fatos & mitos** – Dr. Fernando Lucchese
564. **Ménage à trois** – Paula Taitelbaum
565. **Mulheres!** – David Coimbra
566. **Poemas de Álvaro de Campos** – Fernando Pessoa
567. **Medo e outras histórias** – Stefan Zweig
568. **Snoopy e sua turma (1)** – Schulz
569. **Piadas para sempre (1)** – Visconde da Casa Verde
570. **O alvo móvel** – Ross Macdonald
571. **O melhor do Recruta Zero (2)** – Mort Walker
572. **Um sonho americano** – Norman Mailer
573. **Os broncos também amam** – Angeli
574. **Crônica de um amor louco** – Bukowski
575(5). **Freud** – René Major e Chantal Talagrand
576(6). **Picasso** – Gilles Plazy
577(7). **Gandhi** – Christine Jordis
578. **A tumba** – H. P. Lovecraft
579. **O príncipe e o mendigo** – Mark Twain
580. **Garfield, um charme de gato (7)** – Jim Davis
581. **Ilusões perdidas** – Balzac
582. **Esplendores e misérias das cortesãs** – Balzac
583. **Walter Ego** – Angeli
584. **Striptiras (1)** – Laerte
585. **Fagundes: um puxa-saco de mão cheia** – Laerte
586. **Depois do último trem** – Josué Guimarães
587. **Ricardo III** – Shakespeare
588. **Dona Anja** – Josué Guimarães
589. **24 horas na vida de uma mulher** – Stefan Zweig
590. **O terceiro homem** – Graham Greene
591. **Mulher no escuro** – Dashiell Hammett
592. **No que acredito** – Bertrand Russell
593. **Odisséia (1): Telemaquia** – Homero
594. **O cavalo cego** – Josué Guimarães
595. **Henrique V** – Shakespeare
596. **Fabulário geral do delírio cotidiano** – Bukowski
597. **Tiros na noite 1: A mulher do bandido** – Dashiell Hammett
598. **Snoopy em Feliz Dia dos Namorados! (2)** – Schulz
599. **Mas não se matam cavalos?** – Horace McCoy
600. **Crime e castigo** – Dostoiévski
601(7). **Mistério no Caribe** – Agatha Christie
602. **Odisséia (2): Regresso** – Homero
603. **Piadas para sempre (2)** – Visconde da Casa Verde
604. **À sombra do vulcão** – Malcolm Lowry
605(8). **Kerouac** – Yves Buin
606. **E agora são cinzas** – Angeli
607. **As mil e uma noites** – Paulo Caruso
608. **Um assassino entre nós** – Ruth Rendell
609. **Crack-up** – F. Scott Fitzgerald
610. **Do amor** – Stendhal
611. **Cartas do Yage** – William Burroughs e Allen Ginsberg
612. **Striptiras (2)** – Laerte
613. **Henry & June** – Anaïs Nin
614. **A piscina mortal** – Ross Macdonald
615. **Geraldão (2)** – Glauco
616. **Tempo de delicadeza** – A. R. de Sant'Anna
617. **Tiros na noite 2: Medo de tiro** – Dashiell Hammett
618. **Snoopy em Assim é a vida, Charlie Brown! (3)** – Schulz
619. **1954 – Um tiro no coração** – Hélio Silva
620. **Sobre a inspiração poética (Íon) e ...** – Platão
621. **Garfield e seus amigos (8)** – Jim Davis
622. **Odisséia (3): Ítaca** – Homero
623. **A louca matança** – Chester Himes
624. **Factótum** – Bukowski
625. **Guerra e Paz: volume 1** – Tolstói
626. **Guerra e Paz: volume 2** – Tolstói
627. **Guerra e Paz: volume 3** – Tolstói
628. **Guerra e Paz: volume 4** – Tolstói
629(9). **Shakespeare** – Claude Mourthé
630. **Bem está o que bem acaba** – Shakespeare
631. **O contrato social** – Rousseau
632. **Geração Beat** – Jack Kerouac
633. **Snoopy: É Natal! (4)** – Charles Schulz

634(8). **Testemunha da acusação** – Agatha Christie
635. **Um elefante no caos** – Millôr Fernandes
636. **Guia de leitura (100 autores que você precisa ler)** – Organização de Léa Masina
637. **Pistoleiros também mandam flores** – David Coimbra
638. **O prazer das palavras** – vol. 1 – Cláudio Moreno
639. **O prazer das palavras** – vol. 2 – Cláudio Moreno
640. **Novíssimo testamento: com Deus e o diabo, a dupla da criação** – Iotti
641. **Literatura Brasileira: modos de usar** – Luís Augusto Fischer
642. **Dicionário de Porto-Alegrês** – Luís A. Fischer
643. **Clô Dias & Noites** – Sérgio Jockymann
644. **Memorial de Isla Negra** – Pablo Neruda
645. **Um homem extraordinário e outras histórias** – Tchékhov
646. **Ana sem terra** – Alcy Cheuiche
647. **Adultérios** – Woody Allen
648. **Para sempre ou nunca mais** – R. Chandler
649. **Nosso homem em Havana** – Graham Greene
650. **Dicionário Caldas Aulete de Bolso**
651. **Snoopy: Posso fazer uma pergunta, professora? (5)** – Charles Schulz
652(10). **Luís XVI** – Bernard Vincent
653. **O mercador de Veneza** – Shakespeare
654. **Cancioneiro** – Fernando Pessoa
655. **Non-Stop** – Martha Medeiros
656. **Carpinteiros, levantem bem alto a cumeeira & Seymour, uma apresentação** – J.D.Salinger
657. **Ensaios céticos** – Bertrand Russell
658. **O melhor de Hagar 5** – Dik e Chris Browne
659. **Primeiro amor** – Ivan Turguêniev
660. **A trégua** – Mario Benedetti
661. **Um parque de diversões da cabeça** – Lawrence Ferlinghetti
662. **Aprendendo a viver** – Sêneca
663. **Garfield, um gato em apuros (9)** – Jim Davis
664. **Dilbert 1** – Scott Adams
665. **Dicionário de dificuldades** – Domingos Paschoal Cegalla
666. **A imaginação** – Jean-Paul Sartre
667. **O ladrão e os cães** – Naguib Mahfuz
668. **Gramática do português contemporâneo** – Celso Cunha
669. **A volta do parafuso** seguido de **Daisy Miller** – Henry James
670. **Notas do subsolo** – Dostoiévski
671. **Abobrinhas da Brasilônia** – Glauco
672. **Geraldão (3)** – Glauco
673. **Piadas para sempre (3)** – Visconde da Casa Verde
674. **Duas viagens ao Brasil** – Hans Staden
675. **Bandeira de bolso** – Manuel Bandeira
676. **A arte da guerra** – Maquiavel
677. **Além do bem e do mal** – Nietzsche
678. **O coronel Chabert** seguido de **A mulher abandonada** – Balzac
679. **O sorriso de marfim** – Ross Macdonald
680. **100 receitas de pescados** – Sílvio Lancellotti
681. **O juiz e seu carrasco** – Friedrich Dürrenmatt
682. **Noites brancas** – Dostoiévski
683. **Quadras ao gosto popular** – Fernando Pessoa
684. **Romanceiro da Inconfidência** – Cecília Meireles
685. **Kaos** – Millôr Fernandes
686. **A pele de onagro** – Balzac
687. **As ligações perigosas** – Choderlos de Laclos
688. **Dicionário de matemática** – Luiz Fernandes Cardoso
689. **Os Lusíadas** – Luís Vaz de Camões
690(11). **Átila** – Éric Deschodt
691. **Um jeito tranqüilo de matar** – Chester Himes
692. **A felicidade conjugal** seguido de **O diabo** – Tolstói
693. **Viagem de um naturalista ao redor do mundo** – vol. 1 – Charles Darwin
694. **Viagem de um naturalista ao redor do mundo** – vol. 2 – Charles Darwin
695. **Memórias da casa dos mortos** – Dostoiévski
696. **A Celestina** – Fernando de Rojas
697. **Snoopy: Como você é azarado, Charlie Brown! (6)** – Charles Schulz
698. **Dez (quase) amores** – Claudia Tajes
699(9). **Poirot sempre espera** – Agatha Christie
700. **Cecília de bolso** – Cecília Meireles
701. **Apologia de Sócrates** precedido de **Êutifron** e seguido de **Críton** – Platão
702. **Wood & Stock** – Angeli
703. **Striptiras (3)** – Laerte
704. **Discurso sobre a origem e os fundamentos da desigualdade entre os homens** – Rousseau
705. **Os duelistas** – Joseph Conrad
706. **Dilbert (2)** – Scott Adams
707. **Viver e escrever** (vol. 1) – Edla van Steen
708. **Viver e escrever** (vol. 2) – Edla van Steen
709. **Viver e escrever** (vol. 3) – Edla van Steen
710(10). **A teia da aranha** – Agatha Christie
711. **O banquete** – Platão
712. **Os belos e malditos** – F. Scott Fitzgerald
713. **Libelo contra a arte moderna** – Salvador Dalí
714. **Akropolis** – Valerio Massimo Manfredi
715. **Devoradores de mortos** – Michael Crichton
716. **Sob o sol da Toscana** – Frances Mayes
717. **Batom na cueca** – Nani
718. **Vida dura** – Claudia Tajes
719. **Carne trêmula** – Ruth Rendell
720. **Cris, a fera** – David Coimbra
721. **O anticristo** – Nietzsche
722. **Como um romance** – Daniel Pennac
723. **Emboscada no Forte Bragg** – Tom Wolfe
724. **Assédio sexual** – Michael Crichton
725. **O espírito do Zen** – Alan W.Watts
726. **Um bonde chamado desejo** – Tennessee Williams
727. **Como gostais** seguido de **Conto de inverno** – Shakespeare
728. **Tratado sobre a tolerância** – Voltaire
729. **Snoopy: Doces ou travessuras? (7)** – Charles Schulz
730. **Cardápios do Anonymus Gourmet** – J.A. Pinheiro Machado
731. **100 receitas com lata** – J.A. Pinheiro Machado
732. **Conhece o Mário?** vol.2 – Santiago
733. **Dilbert (3)** – Scott Adams
734. **História de um louco amor** seguido de **Passado amor** – Horacio Quiroga
735(11). **Sexo: muito prazer** – Laura Meyer da Silva
736(12). **Para entender o adolescente** – Dr. Ronald Pagnoncelli

737(13). Desembarcando a tristeza – Dr. Fernando Lucchese
738. Poirot e o mistério da arca espanhola & outras histórias – Agatha Christie
739. A última legião – Valerio Massimo Manfredi
740. As virgens suicidas – Jeffrey Eugenides
741. Sol nascente – Michael Crichton
742. Duzentos ladrões – Dalton Trevisan
743. Os devaneios do caminhante solitário – Rousseau
744. Garfield, o rei da preguiça (10) – Jim Davis
745. Os magnatas – Charles R. Morris
746. Pulp – Charles Bukowski
747. Enquanto agonizo – William Faulkner
748. Aline: viciada em sexo (3) – Adão Iturrusgarai
749. A dama do cachorrinho – Anton Tchékhov
750. Tito Andrônico – Shakespeare
751. Antologia poética – Anna Akhmátova
752. O melhor de Hagar 6 – Dik e Chris Browne
753(12). Michelangelo – Nadine Sautel
754. Dilbert (4) – Scott Adams
755. O jardim das cerejeiras seguido de Tio Vânia – Tchékhov
756. Geração Beat – Claudio Willer
757. Santos Dumont – Alcy Cheuiche
758. Budismo – Claude B. Levenson
759. Cleópatra – Christian-Georges Schwentzel
760. Revolução Francesa – Frédéric Bluche, Stéphane Rials e Jean Tulard
761. A crise de 1929 – Bernard Gazier
762. Sigmund Freud – Edson Sousa e Paulo Endo
763. Império Romano – Patrick Le Roux
764. Cruzadas – Cécile Morrisson
765. O mistério do Trem Azul – Agatha Christie
766. Os escrúpulos de Maigret – Simenon
767. Maigret se diverte – Simenon
768. Senso comum – Thomas Paine
769. O parque dos dinossauros – Michael Crichton
770. Trilogia da paixão – Goethe
771. A simples arte de matar (vol.1) – R. Chandler
772. A simples arte de matar (vol.2) – R. Chandler
773. Snoopy: No mundo da lua! (8) – Charles Schulz
774. Os Quatro Grandes – Agatha Christie
775. Um brinde de cianureto – Agatha Christie
776. Súplicas atendidas – Truman Capote
777. Ainda restam aveleiras – Simenon
778. Maigret e o ladrão preguiçoso – Simenon
779. A viúva imortal – Millôr Fernandes
780. Cabala – Roland Goetschel
781. Capitalismo – Claude Jessua
782. Mitologia grega – Pierre Grimal
783. Economia: 100 palavras-chave – Jean-Paul Betbèze
784. Marxismo – Henri Lefebvre
785. Punição para a inocência – Agatha Christie
786. A extravagância do morto – Agatha Christie
787(13). Cézanne – Bernard Fauconnier
788. A identidade Bourne – Robert Ludlum
789. Da tranquilidade da alma – Sêneca
790. Um artista da fome seguido de Na colônia penal e outras histórias – Kafka
791. Histórias de fantasmas – Charles Dickens
792. A louca de Maigret – Simenon
793. O amigo de infância de Maigret – Simenon
794. O revólver de Maigret – Simenon
795. A fuga do sr. Monde – Simenon
796. O Uraguai – Basílio da Gama
797. A mão misteriosa – Agatha Christie
798. Testemunha ocular do crime – Agatha Christie
799. Crepúsculo dos ídolos – Friedrich Nietzsche
800. Maigret e o negociante de vinhos – Simenon
801. Maigret e o mendigo – Simenon
802. O grande golpe – Dashiell Hammett
803. Humor barra pesada – Nani
804. Vinho – Jean-François Gautier
805. Egito Antigo – Sophie Desplancques
806(14). Baudelaire – Jean-Baptiste Baronian
807. Caminho da sabedoria, caminho da paz – Dalai Lama e Felizitas von Schönborn
808. Senhor e servo e outras histórias – Tolstói
809. Os cadernos de Malte Laurids Brigge – Rilke
810. Dilbert (5) – Scott Adams
811. Big Sur – Jack Kerouac
812. Seguindo a correnteza – Agatha Christie
813. O álibi – Sandra Brown
814. Montanha-russa – Martha Medeiros
815. Coisas da vida – Martha Medeiros
816. A cantada infalível seguido de A mulher do centroavante – David Coimbra
817. Maigret e os crimes do cais – Simenon
818. Sinal vermelho – Simenon
819. Snoopy: Pausa para a soneca (9) – Charles Schulz
820. De pernas pro ar – Eduardo Galeano
821. Tragédias gregas – Pascal Thiercy
822. Existencialismo – Jacques Colette
823. Nietzsche – Jean Granier
824. Amar ou depender? – Walter Riso
825. Darmapada: A doutrina budista em versos
826. J'Accuse...! – a verdade em marcha – Zola
827. Os crimes ABC – Agatha Christie
828. Um gato entre os pombos – Agatha Christie
829. Maigret e o sumiço do sr. Charles – Simenon
830. Maigret e a morte do jogador – Simenon
831. Dicionário de teatro – Luiz Paulo Vasconcellos
832. Cartas extraviadas – Martha Medeiros
833. A longa viagem de prazer – J. J. Morosoli
834. Receitas fáceis – J. A. Pinheiro Machado
835(14). Mais fatos & mitos – Dr. Fernando Lucchese
836(15). Boa viagem! – Dr. Fernando Lucchese
837. Aline: Finalmente nua!!! (4) – Adão Iturrusgarai
838. Mônica tem uma novidade! – Mauricio de Sousa
839. Cebolinha em apuros! – Mauricio de Sousa
840. Sócios no crime – Agatha Christie
841. Bocas do tempo – Eduardo Galeano
842. Orgulho e preconceito – Jane Austen
843. Impressionismo – Dominique Lobstein
844. Escrita chinesa – Viviane Alleton
845. Paris: uma história – Yvan Combeau
846(15). Van Gogh – David Haziot
847. Maigret e o corpo sem cabeça – Simenon
848. Portal do destino – Agatha Christie
849. O futuro de uma ilusão – Freud
850. O mal-estar na cultura – Freud
851. Maigret e o matador – Simenon
852. Maigret e o fantasma – Simenon

853. Um crime adormecido – Agatha Christie
854. Satori em Paris – Jack Kerouac
855. Medo e delírio em Las Vegas – Hunter Thompson
856. Um negócio fracassado e outros contos de humor – Tchékhov
857. Mônica está de férias! – Mauricio de Sousa
858. De quem é esse coelho? – Mauricio de Sousa
859. O burgomestre de Furnes – Simenon
860. O mistério Sittaford – Agatha Christie
861. Manhã transfigurada – Luiz Antonio de Assis Brasil
862. Alexandre, o Grande – Pierre Briant
863. Jesus – Charles Perrot
864. Islã – Paul Balta
865. Guerra da Secessão – Farid Ameur
866. Um rio que vem da Grécia – Cláudio Moreno
867. Maigret e os colegas americanos – Simenon
868. Assassinato na casa do pastor – Agatha Christie
869. Manual do líder – Napoleão Bonaparte
870(16). Billie Holiday – Sylvia Fol
871. Bidu arrasando! – Mauricio de Sousa
872. Desventuras em família – Mauricio de Sousa
873. Liberty Bar – Simenon
874. E no final a morte – Agatha Christie
875. Guia prático do Português correto – vol. 4 – Cláudio Moreno
876. Dilbert (6) – Scott Adams
877(17). Leonardo da Vinci – Sophie Chauveau
878. Bella Toscana – Frances Mayes
879. A arte da ficção – David Lodge
880. Striptiras (4) – Laerte
881. Skrotinhos – Angeli
882. Depois do funeral – Agatha Christie
883. Radicci 7 – Iotti
884. Walden – H. D. Thoreau
885. Lincoln – Allen C. Guelzo
886. Primeira Guerra Mundial – Michael Howard
887. A linha de sombra – Joseph Conrad
888. O amor é um cão dos diabos – Bukowski
889. Maigret sai em viagem – Simenon
890. Despertar: uma vida de Buda – Jack Kerouac
891(18). Albert Einstein – Laurent Seksik
892. Hell's Angels – Hunter Thompson
893. Ausência na primavera – Agatha Christie
894. Dilbert (7) – Scott Adams
895. Ao sul de lugar nenhum – Bukowski
896. Maquiavel – Quentin Skinner
897. Sócrates – C.C.W. Taylor
898. A casa do canal – Simenon
899. O Natal de Poirot – Agatha Christie
900. As veias abertas da América Latina – Eduardo Galeano
901. Snoopy: Sempre alerta! (10) – Charles Schulz
902. Chico Bento: Plantando confusão – Mauricio de Sousa
903. Penadinho: Quem é morto sempre aparece – Mauricio de Sousa
904. A vida sexual da mulher feia – Claudia Tajes
905. 100 segredos de liquidificador – José Antonio Pinheiro Machado
906. Sexo muito prazer 2 – Laura Meyer da Silva
907. Os nascimentos – Eduardo Galeano
908. As caras e as máscaras – Eduardo Galeano
909. O século do vento – Eduardo Galeano
910. Poirot perde uma cliente – Agatha Christie
911. Cérebro – Michael O'Shea
912. O escaravelho de ouro e outras histórias – Edgar Allan Poe
913. Piadas para sempre (4) – Visconde da Casa Verde
914. 100 receitas de massas light – Helena Tonetto
915(19). Oscar Wilde – Daniel Salvatore Schiffer
916. Uma breve história do mundo – H. G. Wells
917. A Casa do Penhasco – Agatha Christie
918. Maigret e o finado sr. Gallet – Simenon
919. John M. Keynes – Bernard Gazier
920(20). Virginia Woolf – Alexandra Lemasson
921. Peter e Wendy seguido de Peter Pan em Kensington Gardens – J. M. Barrie
922. Aline: numas de colegial (5) – Adão Iturrusgarai
923. Uma dose mortal – Agatha Christie
924. Os trabalhos de Hércules – Agatha Christie
925. Maigret na escola – Simenon
926. Kant – Roger Scruton
927. A inocência do Padre Brown – G.K. Chesterton
928. Casa Velha – Machado de Assis
929. Marcas de nascença – Nancy Huston
930. Aulete de bolso
931. Hora Zero – Agatha Christie
932. Morte na Mesopotâmia – Agatha Christie
933. Um crime na Holanda – Simenon
934. Nem te conto, João – Dalton Trevisan
935. As aventuras de Huckleberry Finn – Mark Twain
936(21). Marilyn Monroe – Anne Plantagenet
937. China moderna – Rana Mitter
938. Dinossauros – David Norman
939. Louca por homem – Claudia Tajes
940. Amores de alto risco – Walter Riso
941. Jogo de damas – David Coimbra
942. Filha é filha – Agatha Christie
943. M ou N? – Agatha Christie
944. Maigret se defende – Simenon
945. Bidu: diversão em dobro! – Mauricio de Sousa
946. Fogo – Anaïs Nin
947. Rum: diário de um jornalista bêbado – Hunter Thompson
948. Persuasão – Jane Austen
949. Lágrimas na chuva – Sergio Faraco
950. Mulheres – Bukowski
951. Um pressentimento funesto – Agatha Christie
952. Cartas na mesa – Agatha Christie
953. Maigret em Vichy – Simenon
954. O lobo do mar – Jack London
955. Os gatos – Patricia Highsmith
956. Jesus – Christiane Rancé
957. História da medicina – William Bynum
958. O morro dos ventos uivantes – Emily Brontë
959. A filosofia na era trágica dos gregos – Nietzsche
960. Os treze problemas – Agatha Christie
961. A massagista japonesa – Moacyr Scliar
962. A taberna dos dois tostões – Simenon
963. Humor do miserê – Nani
964. Todo o mundo tem dúvida, inclusive você – Édison Oliveira
965. A dama do Bar Nevada – Sergio Faraco

UMA SÉRIE COM MUITA HISTÓRIA PRA CONTAR

Alexandre, o Grande, Pierre Briant | **Budismo**, Claude B. Levenson | **Cabala**, Roland Goetschel | **Capitalismo**, Claude Jessua | **Cérebro**, Michael O'Shea | **China moderna**, Rana Mitter | **Cleópatra**, Christian-Georges Schwentzel | **A crise de 1929**, Bernard Gazier | **Cruzadas**, Cécile Morrisson | **Dinossauros**, David Norman | **Economia: 100 palavras-chave**, Jean-Paul Betbèze | **Egito Antigo**, Sophie Desplancques | **Escrita chinesa**, Viviane Alleton | **Existencialismo**, Jacques Colette | **Geração Beat**, Claudio Willer | **Guerra da Secessão**, Farid Ameur | **História da medicina**, William Bynum | **Império Romano**, Patrick Le Roux | **Impressionismo**, Dominique Lobstein | **Islã**, Paul Balta | **Jesus**, Charles Perrot | **John M. Keynes**, Bernard Gazier | **Kant**, Roger Scruton | **Lincoln**, Allen C. Guelzo | **Maquiavel**, Quentin Skinner | **Marxismo**, Henri Lefebvre | **Mitologia grega**, Pierre Grimal | **Nietzsche**, Jean Granier | **Paris: uma história**, Yvan Combeau | **Primeira Guerra Mundial**, Michael Howard | **Revolução Francesa**, Frédéric Bluche, Stéphane Rials e Jean Tulard | **Santos Dumont**, Alcy Cheuiche | **Sigmund Freud**, Edson Sousa e Paulo Endo | **Sócrates**, Cristopher Taylor | **Tragédias gregas**, Pascal Thiercy | **Vinho**, Jean-François Gautier

L&PM POCKET ENCYCLOPÆDIA
Conhecimento na medida certa

IMPRESSÃO:

GRÁFICA EDITORA
Pallotti
IMAGEM DE QUALIDADE

Santa Maria - RS - Fone/Fax: (55) 3220.4500
www.pallotti.com.br